MOVIMENTOS SOCIAIS
E
EDUCAÇÃO

O MST e o Zapatismo entre a autonomia e a institucionalização

CONSELHO EDITORIAL

Ana Paula Torres Megiani
Eunice Ostrensky
Haroldo Ceravolo Sereza
Joana Monteleone
Maria Luiza Ferreira de Oliveira
Ruy Braga

MOVIMENTOS SOCIAIS
E
EDUCAÇÃO

O MST e o Zapatismo entre a autonomia e a institucionalização

Antonio Julio de Menezes Neto

Copyright © 2016 Antonio Julio de Menezes Neto

Grafia atualizada segundo o Acordo Ortográfico da Língua Portuguesa de 1990, que entrou em vigor no Brasil em 2009.

Edição: Haroldo Ceravolo Sereza
Editora assistente: Camila Hama
Assistente acadêmica: Bruna Marques
Assistente de produção: Cristina Terada Tamada
Projeto gráfico, diagramação e capa: Camila Hama
Revisão: Camila Berto

Esta obra foi publicada com apoio da FUNDEP/UFMG.

CIP-BRASIL. CATALOGAÇÃO NA PUBLICAÇÃO
SINDICATO NACIONAL DOS EDITORES DE LIVROS, RJ

M512m

Menezes Neto, Antonio Julio de
MOVIMENTOS SOCIAIS E EDUCAÇÃO : O MST E O ZAPATISMO ENTRE A AUTONOMIA E A INSTITUCIONALIZAÇÃO
Antonio Julio de Menezes Neto. -- 1. ed
SÃO PAULO : ALAMEDA, 2016.
214 p. ; 21 cm.

Inclui bibliografia e índice
ISBN: 978-85-793-9427-0

1. Movimento dos Trabalhadores Rurais Sem-Terra. 2. Movimentos sociais - Brasil. 3. América Latina - Política e governo. I. Título.

17-39046   CDD: 981.062
                         CDU: 94(81)

ALAMEDA CASA EDITORIAL
Rua Treze de Maio, 353 – Bela Vista
CEP: 01327-000 – São Paulo – SP
Tel.: (11) 3012-2403
www.alamedaeditorial.com.br

SUMÁRIO

APRESENTAÇÃO 7

INTRODUÇÃO 9
A desconstrução do socialismo e o neoliberalismo nos anos 1990

CAPÍTULO 1 19
Uma leitura marxista da América Latina

Marx e Engels e a sociedade da mercadoria 21

Livre da necessidade natural e social e início da liberdade humana 26

A natureza para Marx e Engels 36

Mariátegui e uma vertente do marxismo latino-americano 43

Mariátegui e o questionamento ao racionalismo burguês na realidade latino-americana 45

Mariátegui e Marx 49

CAPÍTULO 2 55
MST: rebeldia ou institucionalização
MST: da rebeldia revolucionária à rebeldia institucionalizada 55
A penetração do capitalismo no campo 59
A penetração do capitalismo no campo brasileiro 64
O MST e a política institucional no período petista 69

CAPÍTULO 3 99
Zapatismo: rebeldia e autonomia
EZLN a o aprofundamento da autonomia 99
Zapatismo: pesquisa de campo 102
A Cidade do México e o Zapatismo 106
San Cristóbal de las Casas e o Zapatismo 110
O Zapatismo em Chiapas 117
As visitas e a pesquisa de campo nos caracóis zapatistas 124
Autonomia e isolamento 134

CAPÍTULO 4 151
A educação no novo milênio no MST e no Zapatismo
Educação, contradição e emancipação 151
Marx, Engels e a autonomia educacional 158
A educação em Mariátegui 160
Educação no MST 169
A educação Zapatista 184

CONCLUSÃO 201
BIBLIOGRAFIA 207
AGRADECIMENTOS 213

APRESENTAÇÃO

Este é o terceiro livro em que debato os movimentos sociais do campo e a sua relação com a educação, o trabalho, a exploração, a terra, a tecnologia, a dominação, a emancipação, o socialismo e a política. E, como não poderia deixar se ser, o Movimento Sem Terra ganha destaque. Desta vez porém na companhia do movimento zapatista mexicano.

Esta pesquisa teve como objetivo fazer uma análise e buscar pontos de concordância e discordância entre o MST e o Zapatismo. Para tanto, desloquei-me duas vezes ao México, onde conversei e entrevistei diversas pessoas, principalmente professores/pesquisadores envolvidos com pesquisas que possuíam alguma contribuição com a minha problemática. Para tanto, contei com apoio do CNPq e da Fapemig, que possibilitaram meus deslocamentos.

Quanto ao MST, faço um debate político mais, digamos, caseiro. Se em meu livro *Além da terra: cooperativismo e trabalho na educação do MST* (Editora Quartet) o enfoque foi na enorme resistência que o Movimento Sem Terra conseguiu no período de governo de Fernando Henrique Cardoso, neste livro busco o novo momento, o novo século, e discuto as dificuldades e ambiguidades que, ao meu ver, o MST enfrenta perante os governos petistas.

O enfoque é nas relações sociais de produção e, para tanto, busco nos escritos de Marx e Engels a referência para minhas análises. Recortei para textos nos quais pudesse lançar um outro olhar no marxismo, que pudesse ajudar na compreensão das lutas sociais e camponesas na América Latina. E, assim, Mariátegui, o peruano que na primeira metade do século passado fez análises bem atuais, principalmente para compreender o moderno Zapatismo, fará companhia para os dois clássicos da práxis socialista.

Ao tratarmos das lutas sociais, a compreensão sobre os meios de produção torna-se essencial. Nas análises sobre o campo, a natureza aparece de forma mais direta, considerando que as terras e as águas estão diretamente envolvidas no processo produtivo. Mas o ser humano, ser social, vai além e sempre busca conhecer e compreender a natureza a fim de transformá-la para a sua vivência, sobrevivência e seu processo de liberdade. Nesse sentido, o debate da educação, presente no livro, é fundamental. E, consequentemente, o debate sobre a ciência e a tecnologia, além de suas diversas concepções e aplicações no processo produtivo.

Este livro foi finalizado como uma pesquisa de pós-doutoramento na Faculdade de Educação da UFRJ. Assim agradeço ao professor Roberto Leher, com quem pude dialogar e que tem méritos nos acertos deste trabalho. Os possíveis equívocos e as polêmicas maiores ficam na minha conta.

Antonio Julio de Menezes Neto
Verão de 2015.

INTRODUÇÃO

A desconstrução do socialismo e o neoliberalismo nos anos 1990

Os anos 1990 começaram com novos ventos e eventos mundiais. O mundo bipolar, que se dividia entre o chamado socialismo real, tendo à frente a União Soviética, e o capitalismo, que tinha os Estados Unidos na vanguarda, se desfaz. Para surpresa de muitos, a abertura política soviética, denominada Perestroika, e a abertura econômica, chamada de Glasnost, eram apenas o prenúncio de uma crise enorme que abalava o socialismo.

Assim, o desfecho mostrará que a grande utopia da Revolução de 17, da Revolução de Outubro, que percorreu todo o século XX, com esperanças, críticas e auto-críticas, encontrará seu fim em 1991, quando a bandeira vermelha cede espaço no Kremlin para a bandeira tricolor russa, e a União Soviética decreta seu fim. A partir de então, surgem múltiplas repúblicas independentes, mas todas levadas pelo que seria o novo modelo a ser seguido a partir dessa data: o resgate do liberalismo, agora chamado de neoliberalismo. Desde então, a história parecia ter dado razão ao cientista político americano Francis Fukuyama, que dizia que a história havia chegado ao fim com a grande síntese realizada pela democracia liberal. A não ser por movimentos que o ideólogo do Departamento de Estado Samuel Huntington denominou de "fanáticos religiosos muçulmanos", além de pequenos movimentos de esquerda socialista, praticamente todos os países e movimentos sociais e de trabalhadores passaram a operar suas ações no âmbito do credo liberal. Apesar das diferenças que acontecem nesse movimento do capital, em que temos uma fase nitidamente de apologia do mercado nos anos 1990 e uma maior intervenção dos estados nacionais na regulação econômica e nas políticas de "alívio" à pobreza no novo século, o capital continua o seu processo de reprodução social.

Este estudo buscará dois movimentos organizados que tiveram nas ações diretas nos anos 1990 sua principal tática de luta e se tornaram os dois principais movimentos da América Latina: o Movimento dos Trabalhadores Sem Terra, no Brasil, e o Zapatismo, no México.

Nos anos 1990, o mercado tornou-se a grande panaceia do fim do século, e os governos dos estados nacionais passam por transformações, orientadas pelos Programas de Ajuste Estrutural. Nos primeiros anos, as políticas públicas são questionadas como símbolo de uma era que findava. As políticas estatais passaram a ser consideradas peças de museu, enquanto o pretenso dinamismo do mercado passou a povoar os discursos políticos. Não se pode negar que as políticas governamentais quase sempre servem à reprodução do capital e, são fisiológicas e até mesmo privatizadas. Mas inclusive as subalternizadas políticas sociais, como as de educação, previdência social, assistência social e saúde, passaram a ser questionadas, e os governos sustentaram, sem subterfúgios, a privatização de alguns desses setores.

Diziam os neoliberais que a educação não necessitava ser oferecida para todos da mesma forma, pois nem todos possuíam aptidão intelectual. Portanto, os governos poderiam deixar o mercado decidir quem vai "adiante" na educação. Assim, para os setores mais explorados, bastaria uma educação mínima, com programas ralos de formação profissional desprovidos de fundamentação científica, como foi o caso, no Brasil, do decreto 2208/96. Propuseram, inclusive, que os governos passassem a educação para o mercado, ou seja, para a "livre iniciativa", e oferecesse bônus para os alunos carentes matricularem seus filhos nessas escolas particulares. Essa política foi tentada, no período Pinochet, com os *voucher*, no Chile e, em certo ponto, no Brasil com o Prouni.[1]

O Estado, central em todo o século XX, em todos os projetos políticos, desde a social-democracia ao nazismo, fascismo e socialismo, passa a ser sinônimo de ineficiência, corrupção e empreguismo. Esses atributos negativos passam a ser antagonizados pela "agilidade e competência" do mercado. Somente os aptos sobrevivem e, assim, dizem os neoliberais, todos ganham com as políticas de mercado, pois os incompetentes devem, no máximo, garantir sua sobrevivência com políticas específicas focalizadas para esse público, levadas adiante pelos governo neoliberais.

Assim, aqueles que não teriam como se inserir na competição do mercado seriam beneficiários de bolsas que garantiriam a sua sobrevivência fora do mundo do trabalho. Seriam os "inempregáveis", termo usado por Fernando Henrique Cardoso, sociólogo de renome internacional e presidente do Brasil a partir da segunda metade dos anos 1990. Dessa forma, os governos deveriam atuar no apoio à reprodução do capital e em políticas sociais focalizadas, destinadas a um público carente socialmente e considerado desqualificado para a competição dos novos tempos. É o período das

---

1 Programa do governo brasileiro do período Lula, que troca dívidas fiscais e concede isenções tributárias para faculdades e universidades particulares, trocando-os por bolsas de estudos para alunos carentes.

bolsas para os pobres e das políticas de apoio ao mercado para os grandes empresários do campo, da cidade e do mercado financeiro. Governos neoliberais tornam-se fortes para apoiar a reprodução "liberal" do capital e amparam setores muito pobres com pequenas bolsas, que vão do auxílio-gás ao auxílio-leite, foram posteriormente, no governo Lula, reunidas no programa Bolsa Família.

Aliás, bolsas e prêmios de produtividade abrangerão, também, outros setores, como o serviço público em geral e as universidades públicas, em particular. Nas últimas, os professores que mais produzem e mais trabalham passam sempre a ser premiados por bolsas diversas, como bolsas de produção na pós-graduação ou bolsa para serviços "extras". Outros governos passam a avaliar e dar bônus para funcionários, escolas ou mesmo postos de saúde mais produtivos. É o reino da meritocracia que rege o neoliberalismo.

Como um fenômeno mundial, partidos social-democratas, alguns de grande tradição nas lutas dos trabalhadores em todo o mundo, avançam velozmente rumo ao neoliberalismo. E partidos de esquerda, inclusive muitos partidos comunistas mundo afora, quando não fecham as suas portas, recuam para propostas social-democratas. E uma social-democracia tardia, diga-se, que não mais faz enfrentamentos com o grande capital, não se apoia nos trabalhadores e nos sindicatos, mas busca reconciliar-se com o liberalismo. Assim, o neoliberalismo passa tinturas de políticas sociais, centradas em bolsas e políticas focalizadas para os setores empobrecidos que poderiam incomodar o novo movimento do capital.

Na Europa, de tantas tradições de lutas socialistas, esse movimento é tão forte no início dos anos 1990 que recebe o nome de "pensamento único" devido à sua enorme aceitação. Na América Latina, foco deste trabalho de pesquisa, essas ideias também ganham força. O fim do ciclo militar, que apoiava a modernização da reprodução do capital o capitalismo monopolista – na região à custa de violentas repressões, cede espaço para governos neoliberais. Foram-se os militares, a democracia formal é constituída, mas a esquerda está novamente alijada do processo de reconstrução latino-americano.

No início dos anos 1990 temos apenas Cuba resistindo. Porém, pagando um preço altíssimo, pois perde seu principal parceiro, a União Soviética, e seu povo enfrenta enormes carências no chamado "período especial". Dizia-se nesse período que, em Cuba, quem tivesse um pé de fruta no quintal de casa já era um privilegiado. Os apagões de luz aconteciam praticamente todas as noites, e as construções deterioram sem que o governo tivesse recursos para combater esses problemas. Praticamente mantém, a custo de sacrifícios em outros setores, o seu sistema educativo e de saúde funcionando.

Era esse mundo de carência o que parecia restar para quem resistia ao neoliberalismo. O mundo do trabalho também desarticula-se. Como se fosse órfão, rende-se em grande parte ao mundo do capital, ao mundo liberal. As centrais sindicais, outrora combativas, passam a oferecer cursos de requalificação para os seus filiados, como um irrealista paliativo contra o desemprego.

Assim, o MST e o Zapatismo tornam-se, nos anos 1990, referências para as esquerdas. Não se rendem. O Zapatismo, de armas em punhos defendendo os direitos e os modos de vida indígenas, contrapondo-os ao capitalismo, e o MST, com suas ações diretas na conquista das terras e manifestações espetaculares nas cidades, tornam-se a esperança de construção de um novo mundo passível de superar o capitalismo.

No entanto, no novo século, novos caminhos. O MST passa a administrar as suas conquistas e estabelece novos e contraditórios laços com a institucionalidade. O Zapatismo, ao contrário, aferra-se ao seu projeto de construir a "outra política" e se mantém afastado do poder político institucional.

Assim, esta pesquisa procura compreender esses movimentos sociais e políticos nesse novo momento. Procura compreender como as ações diretas, de grande repercussão nos anos 1990 por parte desses movimentos, perde força no novo século. Mas será que a política tradicional, com partidos, movimentos sociais e sindicais organizados, já está superada? As ações diretas seriam a nova força política? Esses assuntos serão tratados neste trabalho, que discutirá a questão do campo, da educação, das tecnologias e das políticas atuais.

Capítulos

As mudanças no século são visíveis no MST e no Zapatismo. No caso dos Sem Terra, as políticas de confronto direto com o capital diminuíram, e os confrontos com os governos foram poucos, apesar das críticas e das ocupações de prédios públicos. Mas deve-se ressaltar que essas ações se apresentaram mais como uma pressão sobre o poder público do que como um confronto. Este novo momento ainda não foi devidamente pesquisado, pois nota-se que a maioria dos estudos ainda se concentra nos princípios que regeram as ações do MST "heroico" da segunda metade do século passado. Assim, esta pesquisa buscou entrevistas e artigos divulgados pela imprensa e realizou pesquisa de campo buscando compreender as transformações dos movimentos sociais.

Assinalo que essas mudanças por que passou o MST são perceptíveis pelos membros do Movimento que, em sua maioria, aceita a análise conjuntural de que aconteceram mudanças significativas e que o Movimento Sem Terra perdeu parte de sua força política. Porém, é importante ressaltar que o MST ainda continua, com todos os seus problemas, como um importante movimento político no contexto da esquerda brasileira.

Já o movimento zapatista também passou por mudanças, como não poderia deixar de acontecer. Suas ações espetaculares dos anos 1990 perderam força dentro de um México cada vez mais integrado ao capitalismo da América do Norte. Com isso, houve uma retração de suas ações públicas, apesar de sua presença esporádica acontecer em diversos momentos. Um dos episódios mais marcantes da aparição pública dos zapatistas aconteceu no dia 21 de dezembro de 2012 quando, pelo calendário dos antigos Maias, o mundo "chegaria ao fim". Como os zapatistas possuem uma origem basicamente Maia, eles desfilaram em diversas cidades mexicanas dizendo que "o mundo que estava acabando era o mundo capitalista".

O movimento zapatista propôs, desde 2005, construir uma "Outra Campanha" sem institucionalizar-se. Para conhecer o Zapatismo, numa primeira viagem, visitei no México o estado de Chiapas e algumas cidades que foram tomadas pelos Zapatistas, como San Cristóbal de las Casas e Altamirando. Também visitei Caracóis zapatistas. Numa segunda viagem, me dediquei a entrevistar professores vinculados, principalmente, à Universidade Nacional Autônoma do México (Unam). Dessa forma, para descrever a análise a que me propus, dividi este livro em quatro capítulos e encaminho as conclusões possíveis.

No Capítulo 1 realizo a discussão teórica que irá embasar este trabalho. Nesse sentido, faço o recorte para três referências teóricas e políticas: Marx e Engels e o peruano Mariátegui. A escolha dessas referências demonstra que o estudo não terá centralidade na questão étnica, com a qual diversos autores estão trabalhando e pesquisando o Zapatismo atual. São importantes estudos que estão sendo realizados, porém esta pesquisa centra-se na questão das lutas de classes. No caso do MST, a questão étnica é menos relevante, e as lutas pela terra e pelos meios de produção se sobressaem. Mas o Marx que aparece no primeiro capítulo é centrado na discussão da crítica ao mercado. Apresenta um debate crítico ao modo de vida destruidor do capitalismo e, sem fazer nenhuma apologia da pobreza e sem temer o avanço da ciência e da técnica moderna, mostra que o marxismo busca a materialidade do "Bem Viver". Já Mariátegui é fundamental, pois o peruano faz uma análise bem adaptada do marxismo para a realidade latino-americana. Nesse sentido, traz a questão indígena e, sem se apegar à tradição, busca resgatar desse modo de vida e produção o que poderia alavancar o socialismo.

No Capítulo 2, as análises centram-se no MST, principalmente nas mudanças do Movimento Sem Terra no novo século. Discute e debate a institucionalização do MST e sua alternativa ecológica. Debate como o movimento passa a necessitar de créditos para gerir suas conquistas nas ações diretas, e questiona se as alternativas apresentadas não seriam por demais tímidas para as necessidades do camponês. Busca discutir diversas mudanças ocorridas no Movimento Sem Terra e na sociedade brasileira, que se torna cada vez mais urbanizada.

No Capítulo 3, as atenções estão voltadas para o Zapatismo. Para tanto, num misto de análise acadêmica e relatos tirados de meu "caderno de campo", procuro descrever o movimento através de leituras, relatos de pesquisa de campo e entrevistas. Ressalto o uso de diversos fotos, a meu ver essencial para se conhecer os caracóis. No uso de fotos, foi vedado, por motivos de segurança interna, o uso de imagens dos moradores dos caracóis. Porém, as imagens apresentam muito do que são os zapatistas. Apresento o debate realizado hoje pela esquerda mexicana que discute se os zapatistas passam pela crise de isolamento.

No Capítulo 4, faço o recorte para a educação no MST e no Zapatismo. Aqui, as diferenças entre os dois movimentos tornam--se bastante nítidas. A principal questão para a educação zapatista é a autonomia. Com muitos problemas inerentes a um movimento social de pessoas exploradas pelo sistema, buscam construir sua autonomia também na educação e, nesse sentido, não terão nenhuma aproximação com o poder constituído do "Mau Governo". Já o MST busca nas prefeituras, governos estaduais e federal, com destaque para parcerias com as universidades, sua referência de educação. Possui também uma importante escola, que seria o mais próxima do conceito de autonomia, que é a Escola Nacional Florestan Fernandes.

Por fim, faço a Conclusão, buscando compreender esses dois fundamentais movimentos sociais e políticos, seus avanços e contradições e suas possibilidades e estancamento.

Esclareço que acontecimentos importantes vinculados ao Zapatismo e ao MST, principalmente dos anos 1990 e início de 2000, foram pouco trabalhados devido à extensão de estudos que foram feitos sobre esse período.

Informo que as citações em espanhol foram todas traduzidas por mim e que as fotos foram tiradas no trabalho de campo. Fotos tiradas de outras fontes são citadas no texto.

CAPÍTULO 1

Uma leitura marxista da América Latina

Adentrando o novo século, tanto o Zapatismo quanto o MST debatem alternativas ao modo de produção e de vida que possam superar o capitalismo, pois é um sistema basicamente de produção e comercialização de mercadorias, com vistas à extração da mais-valia. E esse modo de produção e reprodução da vida social não tem trazido uma vida melhor para os seres humanos, principalmente aos mais explorados e expropriados, como no caso dos camponeses brasileiros e mexicanos.

Ao contrário, vivemos em um mundo em que a lógica destrutiva do capital é avassaladora tanto da natureza quanto da vida social. E diversos movimentos sociais e políticos, como alguns movimentos ambientalistas críticos, o EZLN ou o MST, denunciam essa lógica e lutam por uma nova sociedade.

Consumir, mesmo em um mundo onde tantos não possuem sequer o básico para as necessidades imediatas, é a lógica do sistema capitalista, o seu princípio e sua finalidade. Afinal, o importante é o crescimento produtivo e o consequente aumento da exploração da mais-valia. E esse crescimento acontece se produzirmos e consumirmos como valor de uso ou como valor de troca. Se assim acontecer, no imaginário "melhor dos mundos do capital", as empresas produzirão mais mercadorias, e os governos terão recursos provenientes de impostos para aplicar nas políticas sociais e apoiar a reprodução do capital. Isso no nunca cumprido por impossibilidade, nível ideal do capitalismo. Pois sabemos que esse sistema exclui parcelas do consumo mínimo, explora o trabalho e concentra renda e meios de produção. Ao mesmo tempo, para viabilizar esse consumo desenfreado, a única opção é a destruição da natureza. E, como seres da natureza, ao destruí-la, também perde-se qualidade de vida. É a roda viva do sistema.

No caso do Zapatismo, existe a valorização dos Ejidos, proveniente da tradição indígena, que é o modo de produção comum da terra. Além de outras tantas, essa é uma das tradições mais significativas quando os zapatistas lutam por alternativas ao modo de produção e vida capitalista. E esse é um movimento crescente na América Latina, indo além da luta específica do Zapatismo. É o caso, por exemplo, de diversos países andinos na América do Sul e de populações da América Central e do México.

O método de Marx tem se mostrado como a mais fértil corrente crítica ao capitalismo, um sistema global que atinge, em diferentes proporções, todas as sociedades conhecidas nos tempos atuais. Porém, além dos tradicionais defensores do capitalismo, os "culturalistas pós-modernos", corrente de análise que desvincula as lutas sociais da totalidade da sociedade de classes, têm questionado o marxismo como fonte de compreensão de algumas sociedades latino-americanas. Mas será que dentro das especificidades dessas lutas, o marxismo não contribuiria para a compreensão da realidade? Certamente que sim, pois o método de Marx abrange, também, boa parte das questões colocadas por essas sociedades e por seus trabalhadores do campo. O marxismo compreende o capitalismo nas suas mais diferentes contradições.

Sabe-se, por exemplo, como o peruano Mariátegui soube, com maestria, analisar o indigenismo andino sob a ótica de Marx e Engels, usando a forma de trabalho e produção em comum dos Incas para alavancar a superação do capitalismo. E sabe-se que houve um encontro entre o marxismo do Exército Zapatista de Libertação Nacional (EZLN) com as lutas indígenas no México. Isso porque o método de Marx não é fechado, sendo antes dialético, e, portanto, possível de ser aplicado a diversas realidades, dominadas pelo *capitalismo* nas suas diversas vertentes.

Marx e Engels e a sociedade da mercadoria

"A produção não apenas produz o homem como uma utilidade, a utilidade humana, o homem sob a forma de mercadoria; de acordo com essa situação, produz o homem como um ser mental e fisicamente desumanizado."

Manuscritos econômicos e filosóficos

Às vésperas do século XXI, os monopólios econômicos, sejam das terras, do comércio, dos bancos ou das indústrias, tornam-se a tônica da reprodução do capital. Grandes empresas, bancos e comércios se fundem e tornam-se "gigantes" em seus ramos de atuação. O mesmo acontece com os diversos ramos do agronegócio que, no terreno nacional ou multinacional, tornam-se grandes empresas no ramo de alimentos. E, para tanto, continuam com o processo de destituição dos trabalhadores de seus meio de produzir a vida e seus modos existência. Como parte desse aniquilamento, pressupondo a alienação da vida humana, há também a destruição da natureza para a produção de mercadorias. Em contraposição, parte das classes organizadas e despossuídas pelo capital, no processo constante da luta de classes, lutam pela possibilidade de que vivamos em um meio socio ambiental em o trabalho não seja fonte de exploração e alienação, e que o alimento seja mais sadio e para todos. Para tanto, mobilizam-se contra a exploração de sua força de trabalho pelo capital destrutivo.

Nas últimas décadas, diversos e mundializados movimentos sociais e de trabalhadores questionam o porquê de passar a vida atrás de "mais e mais" mercadorias, passando a defender uma vida mais equilibrada. Dizem que "um novo mundo é possível" e lutam por esses novos referenciais. Mas como a reprodução do capital demanda uma sociedade em permanente e crescente consumo, os questionamentos a esse sistema tornam-se a única alternativa para os movimentos sociais e de trabalhadores. Assim, o fim da propriedade privada capitalista com a sua exploração, alienação e destruição da natureza torna-se, ou deveria tornar-se, o epicentro das políticas questionadoras do modo de produção e consumo da nossa sociedade.

Saliente-se que o incentivo ao consumismo acontece em um mundo em que, de acordo com a FAO/ONU, mais de 800 milhões de pessoas ainda passam fome. Em que em todos os recantos, a opulência de alguns convive com a pobreza e a exploração de muitos. Mas o capital necessita ser produzido e consumido em sua forma anárquica de mercado e não planejada socialmente, o que leva a esses absurdos de consumismo em sociedades que convivem com a pobreza e exploração.

Essas reflexões devem ser contextualizadas nas relações sociais concretas de sociedades cindidas em classes sociais, ou seja, no contexto da luta de classes nas suas mais diversas manifestações. Assim, se as preocupações ambientais e de exploração e expropriação da força de trabalho perpassam diversos interesses de classes em conflito, as análises e soluções que envolvem a questão são diversas e conflituosas.

No objeto em foco deste estudo, o grande conflito se materializa nas lutas camponesas e indígenas – que em muitos casos se confundem na América Latina em conflito com o capital no campo, que busca monopolizar terras, tecnologias, modo de produção extensiva e capitalista e, consequentemente, colocar a força de trabalho a seu serviço.

Ou seja, de um lado, o capital, seja no campo ou na cidade, necessitando produzir e reproduzir mercadorias para a exploração da mais-valia, fazendo com que os trabalhadores sejam, ao mesmo tempo, vítimas da perda da terra e levados ao consumismo exacerbado. Por outro lado, os críticos do capitalismo defendem que podemos organizar as sociedades na base do valor de uso, rejeitando os fundamentos do sistema. Mas para tanto, a luta política, a luta de classes e, consequentemente, uma nova visão de mundo, formada e disputada hegemonicamente no campo das lutas concretas, torna-se fundamental.

Vivemos em sociedades em que a reprodução do capital acontece em um ritmo alucinante, e a destruição ambiental e a falta de preocupação com o equilíbrio sócio/natural são o combustível para que capital possa extrair a mais-valia dos trabalhadores. As políticas ambientais, no mundo capitalista, aparecem muitas vezes como um "entrave" ao desenvolvimento. No entanto, servem ao capital quando se baseiam na ideologia do "desenvolvimento sustentável" ou no "capitalismo verde", que nada mais é do que uma nova forma de reprodução do capital e de devastação da natureza sob o manto da "ecologia". Assim, para a reprodução do capital, o importante é que a mercadoria seja produzida, reproduzida e consumida, não interessando sua necessidade social, seu valor de uso, consubstanciando-se, assim, na anarquia da produção.

Assim, vê-se o agronegócio brasileiro acumular terras para a plantação de monoculturas, expulsarem os trabalhadores quando necessário, retirando-lhes o direito ao trabalho no campo. E essas ações são apoiadas por governos liberais, que veem no agronegócio uma vigorosa frente de realização do capital. O mesmo fato repete-se no México, sendo que ali as populações nativas, majoritárias, são sacrificadas em nome da produção de capital em detrimento da emancipação do ser social.

Marx demonstrou e criticou, no contexto de suas obras, que o ser humano tornou-se consequência da produção de mercadorias. É o consumismo, em meio à pobreza e exploração, definindo a vida dos seres humanos. E, nesse sentido, na América Latina, camponeses de todas as raças e etnias são espoliados do seu direito à terra, ao trabalho e à sua vida básica ou emancipada. Bensaid mostra que:

> Marx efetivamente denunciou sem ambiguidade o hiperconsumo, a produção pela produção. Primeiramente, o caráter limitado do solo é uma das condições para o aparecimento do capitalismo, pois "se a terra estivesse à disposição de todos, faltaria um fator essencial para a formação do capital. Os conceitos de limite absoluto e de apropriação fundamentam a análise da renda fundiária capitalista: se a terra existisse de forma praticamente ilimitada diante da população existente e do capital", escreve Marx em *Teorias da mais-valia*, "e se, além do mais esta terra não tivesse sido apropriada e, consequentemente, estivesse a disposição de quem quisesse cultivá-la, não se pagaria

nada pela utilização do solo. Se fosse realmente ilimitada, a "apropriação por alguns não poderia excluir a apropriação por outros". Não existiria "propriedade privada do solo e não se poderia pagar pela renda da terra" (BENSAID, 2013, p.146-147).

Em outros termos, pode-se observar como, para a reprodução capitalista, os indivíduos tornam-se sujeitados a que o processo de extração de mais-valia se complete. O ser humano, que pelo seu trabalho cria toda riqueza, torna-se dependente e necessitado da produção coletiva transformada em mercadoria para consumo individual. O direito ao trabalho e ao consumo tornam-se dependentes da produção e circulação das mercadorias por ele produzidas.

O trabalhador, produtor coletivo das mercadorias, não se reconhece nelas quando vai ao mercado, criando o processo de alienação. Assim, o objeto, representado pela mercadoria, subjugou o ser humano, fazendo com que vivamos em um mundo no qual a desumanização e a alienação são constantes nas relações sociais. Dessa maneira, populações "consideradas menos produtivas", como os trabalhadores camponeses em relação ao agronegócio, são relegadas nas suas reivindicações por governos liberais.

Além dessas questões, a mercadoria é capaz de definir nossa posição social. As pessoas são definidas pelo seu carro, pelas suas roupas e, sobretudo, pelas possibilidades de consumo. O dinheiro, elemento base nas relações de troca de mercadorias no sistema capitalista, assume ares de misticismo, de fetichismo. É como se ele tivesse vida própria e não fosse produto de relações sociais complexas e contraditórias. E, pior, envolvendo a exploração do trabalho humano e, paradoxalmente, excluindo pessoas do mínimo necessário à sobrevivência. O dinheiro deixa de ser o meio e torna-se o fim da sociedade produtora de mercadorias. Essa é uma das formas de exclusão no capitalismo, pois o trabalhador, despojado de seus meios de produção, torna-se um indivíduo submetido ao capitalista e ao capital.

É dessa forma que se encontram populações camponesas, indígenas e mestiças, base do Zapatismo no México e do MST no Brasil, que, despojadas da terra e de seus modos de produção, devem se vender ao capital. A importância desses movimentos é latente, pois buscam organizar os trabalhadores para que possam reinvidicar o seu direito à terra e ao seu modo de vida.

Livre da necessidade natural e social e início da liberdade humana

Porém, deve-se salientar a premissa de Marx de que, para construirmos o comunismo, "necessitamos sair do reino da necessidade e entrarmos no reino da liberdade". E, para tanto, Marx viu no desenvolvimento da ciência e da técnica, juntamente ao desenvolvimento industrial, a possibilidade de nos livramos das necessidades básicas e primárias que a natureza nos impõe – como a luta pelo alimento, pelo vestuário ou pela habitação, que geralmente causa guerras e discórdias – para que possamos viver o mundo da liberdade, ou seja, da livre criatividade, da dedicação ao lazer, às artes, à filosofia e ao trabalho criativo. Finalmente o desenvolvimento científico e tecnológico poderia fazer com que trabalhássemos menos nas atividades mais alienadas e pesadas e tivéssemos tempo para o nosso pleno desenvolvimento integral.

Mas para tanto, seguindo a análise de Marx e Engels, necessitar-se-ia conhecer cada vez mais a natureza, para "dominá-la". Dessa forma, argumenta-se que Marx e Engels fariam a defesa do "progresso incessante", e que essa defesa poderia levar a que, por exemplo, o agronegócio, que alega fazer uso intensivo da ciência e tecnologia no processo produtivo, fosse visto com "bons olhos" pelo pensamento de Marx. Mas essa análise carece de sentido, pois a defesa de Marx e Engels de "domínio da natureza" foi bastante deturpada, pois, por exemplo, para que possamos desenvolver a "agricultura orgânica", também necessitamos conhecer e dominar a natureza. Lowy busca desfazer esses equívocos: "... os termos 'supremacia' ou 'dominação' da natureza remetem com freqüência, em Marx e Engels, simplesmente ao conhecimento das leis da natureza" (LOWY, 2005, p. 20).

Essa questão remete-nos ao próprio conceito de ser humano que se desenvolveu social e historicamente. Ao buscarmos conhecer a natureza, gerando todo o nosso arcabouço civilizatório, desenvolvemo-nos como um ser social muito diferente dos outros animais. Assim, é certo que Marx e Engels não negam a importância do desenvolvimento científico e tecnológico, capazes de facilitar a nossa vida na relação com a natureza.

Mas se o ser humano conquistou grandes avanços no desenvolvimento científico e tecnológico, indispensáveis à nossa vida e à nossa própria condição da conquista de nossa liberdade perante as necessidades impostas pela natureza, continua colocada a questão da falsa neutralidade. A ciência é escolha, muitas vezes desenvolvida por interesses econômicos. Dessa forma, temos de indagar o que produzimos, para que e para quem serve. Observa-se, essas questões não são debatidas no sistema capitalista, pois o aumento da riqueza, da produção e da arrecadação são metas a serem alcançadas independentemente do que é produzido.

Para os capitalistas, não interessa se grandes fazendeiros e agronegociantes expropriam trabalho, terras e devastam a natureza. No projeto da modernidade capitalista o importante é que a mercadoria seja produzida para, insistimos, que a mais-valia seja produzida e apropriada pelo capital. Por essa posição ideológica, pode-se produzir um carro, um avião ou uma "buginga qualquer", pois dizem os liberais que esse crescimento é que trará aumento de empregos e impostos.

O ser humano é um ser histórico e social criativo, que desenvolveu a capacidade de conhecer a natureza e aplicá-la em seu cotidiano visando à sua liberdade. Porém, a ideologia capitalista conseguiu transformar esse desejo humano de liberdade em desejo de, além da necessidade, possuir novas mercadorias. Na briga do "ser ou ter" – apesar de ambos não serem necessariamente dicotômicos e nem excludentes, a sociedade do capital tem conseguido direcionar nossas conquistas humanas para o segundo, ou seja, para o simples desejo de "ter pelo ter". E, insisto, em sociedades em que muitos não possuem o básico para sua sobrevivência, o que mostra a incompatibilidade do sistema com a vida social plena.

Marx e Engels analisam que, em vez do ser humano social ser dominado pela mercadoria, ele deveria ser definidor, socialmente, do que devemos ou queremos produzir. É a inversão total da lógica do mercado. Assim, podemos debater, inclusive, nossa relação com a natureza. Marx defende a racionalização da produção, realizada por produtores associados, e nosso metabolismo com a natureza como a única liberdade possível para uma regulação racional (MARX, s.d.).

Engels (s.d.) também afirma que a sociedade já produz para que todos possam usufruir, e que o monopólio dessa produção pela classe burguesa tornou-se anacrônica e supérflua. Desse modo, os meios de produção devem ser apropriados pela classe que produz. Diz:

> A apropriação social dos meios de produção não só elimina os obstáculos artificiais hoje antepostos à

produção das forças produtivas e dos produtos, uma das conseqüências inevitáveis da produção atual e que alcança o seu ponto culminante durante as crises. Além disso, acabando-se com o parvo desperdício do luxo das classes dominantes e dos seus representantes políticos, será posta em circulação para a coletividade toda uma massa de meios de produção e de produtos. Pela primeira vez, surge agora, e surge de um modo efetivo, a possibilidade de assegurar a todos os membros da sociedade, através de um sistema de produção social, uma existência que, além de satisfazer plenamente a cada dia mais abundantemente as suas necessidades materiais, lhes assegura o livre e completo desenvolvimento e exercício de suas capacidades físicas e intelectuais (ENGELS, s.d., p. 75).

Lowy diz que Marx e Engels sempre denunciaram a lógica da produção pela produção. Assim seria um absurdo acusá-los de "produtivistas":

>...na medida em que ninguém denunciou tanto quanto Marx a lógica destrutiva de produção pela produção, a acumulação de capital, de riquezas e de mercadorias como um fim em si. A idéia mesma de socialismo [...] é a de uma produção de valores de uso, de bens necessários à satisfação das necessidades humanas. O objetivo supremo do progresso técnico para Marx não é o crescimento infinito de bens (o ter) mas a redução da jornada de trabalho e o crescimento do tempo livre (o ser) (LOWY, 2005, p. 23-24).

Vivemos num mundo em que o capital se globaliza, expande e estende seus tentáculos para todos os cantos. O individualismo ganha espaço, e mesmo governos outrora de "esquerda" realizam coalizões de classe visando a entrar na ordem mundial do capital.

Essas discussões teóricas servem como crítica ao sistema social/econômico/político e ecológico assumidos, inclusive, pela nova "esquerda mundial", que não se propõe a romper com o modo de produção capitalista. Essa "nova esquerda", próxima de uma social-democracia tardia, ou de um liberalismo que incorpora políticas sociais, não discute a exploração do trabalho, a produção e reprodução do capital e as relações sociais e ambientais daí advindas, pois a meta desses governos é inserir-se nessa nova ordem, baseando-se no paradigma produtivista para impulsionar a economia de seus países.

Assim, o capital foi capaz de transformar, além da força de trabalho, o próprio alimento em mercadoria. Porém, essa produção corre os riscos de se tornar inapropriada para os seres humanos, pois podem colocar em perigo a própria existência humana. Entretanto, tal cenário de futuro sequer é colocado no campo das análises e discussões sobre o modelo de segurança alimentar e de energia operados pelo capital.

Porém, não se pode centralizar as análises políticas na ciência e na tecnologia, colocando-as acima dos embates e das contradições sociais. Lembremos do movimento ludista, na Inglaterra, no início da Revolução Industrial, em que os trabalhadores quebravam as máquinas considerando-as responsáveis por seus males. Depois, porém, compreenderam que o verdadeiro problema estava nas relações sociais de produção e reprodução que eram propiciadas pelo capital, e começaram a se organizar não contra as máquinas, mas contra o capitalismo.

A agricultura sempre foi motivo de inovações. A biotecnologia, por exemplo, é uma técnica muito antiga na história humana. Mas foi a modernidade que desenvolveu enormemente a ciência e as técnicas aplicadas ao processo produtivo. E, como não poderia deixar de ser, o capitalista se apropriou delas e passou a monopolizá-las e a torná-las propriedade privada através de patentes e de seu poder econômico. Porém, esse fato não pode afastar os trabalhadores do campo de usufruírem do desenvolvimento da moderna tecnologia, pois essas novas técnicas podem ajudar o trabalhador a ter um trabalho menos fatigante, além de poderem ser usadas no aumento da produtividade sob controle social.

A industrialização e a informática têm sido importantes instrumentos para o desenvolvimento da agricultura e, desde que sob controle social, devem ser aplicadas pelo trabalhador em seu processo produtivo. Ou seja, o mundo do trabalho deve disputar esse moderno desenvolvimento científico e tecnológico, debatendo e sabendo discernir o que melhora a vida e humaniza o trabalho do uso indiscriminado e abusivo dessas técnicas por parte do agronegócio. A luta por um novo modelo de desenvolvimento e vida está vinculada, prioritariamente, à luta contra o capital, e não contra o desenvolvimento, por si, da ciência e tecnologia. Assim, o trabalhador deve disputar o controle e a propriedade dessas novas tecnologias e, social e seletivamente, definir o que serve à nossa emancipação.

O aumento da produtividade, quando não está sob controle das empresas, pode facilitar o trabalho humano. De acordo com Bernstein (2011),

> ...um lavrador dos EUA que use trator e colheitadeira consegue produzir uma tonelada de grãos, ou o

equivalente em grãos com muito menos tempo de gasto de tempo e esforço do que um lavrador da Índia que usa arado puxado por bois. Por sua vez, este consegue produzir uma tonelada de grãos com menos tempo e esforço físico do que o lavrador da África Subsaariana que cultiva com enxada e outras ferramentas manuais. [...] Podemos descobrir que, num ano, o lavrador africano produz uma tonelada de grãos, o indiano, cinco toneladas e o norte-americano, duas mil toneladas (BERNSTEIN, 2011, p.18-19).

Possivelmente, no caso acima, o trabalhador norte-americano é mais explorado na extração da mais-valia relativa. Mas essa é a tônica do capitalismo global, e somente muda-se essa situação com a superação da exploração do capital. Quando não se disputa a tecnologia e seu uso em sua totalidade social, corre-se o risco de, de alguma forma, aceitar o pragmatismo da pequena produção, seja orgânica, agroecológica ou moderna, convivendo com a grande produção capitalista.

O trabalho desenvolvido em "pequenas produções alternativas" enfrentando a "moderna tecnologia" dificilmente conseguirá mudar a produção agrícola em sua totalidade. Além do mais, com isso, corre-se o risco de priorizar a produção orgânica e agroecológica, centra-se na discussão agronômica em detrimento da luta política mais ampla contra a propriedade privada da terra pelo rentista ou a luta contra o moderno capitalista do campo, detentor de terras e meios de produção.[1]

---

1 Diversos defensores da produção agroecológica ou orgânica citam o Butão, país asiático de 700 mil habitantes, como exemplo positivo de país que

E não se pode descartar a possibilidade da convivência "dualista" entre estas duas formas de produção: a agroecologia, por um lado, e o agronegócio por outro. Mas essa "convivência" paralela é muito desigual e, permanecendo assim, prossegue-se com o êxodo rural que os Censos demonstram ou a agroecologia encontra um "nicho" no mercado e se satisfaz.

Saliente-se, ainda, que não existe contradição insanável entre a produção orgânica e a reprodução do capital, pois a produção orgânica pode, se e quando for de interesse das grandes empresas, ser adotada por estas. Portanto, os movimentos sociais do campo não podem aceitar essa "divisão social da agricultura" entre a agricultura de exportação e a agricultura orgânica e agroecológica, pois a luta deve ser mais ampla, e a moderna tecnologia deve ser disputada socialmente. Esse "dualismo" deve ser transformado em contradição. A agricultura deve ser ampla e diversificada, e os trabalhadores devem ter acesso tanto à agroecologia, à agricultura orgânica ou às modernas tecnologias industriais e bioindustriais sob controle social.

O pensamento marxista não defende sociedades pré-capitalistas, pois os conhecimentos que adquirimos através de nosso trabalho devem servir para que nos livremos das dificuldades impostas pela natureza e nos tornemos livres dos fardos e das necessidades impostas por esta. Assim, devemos conhecer a natureza para transformá-la e criarmos uma sociedade em que possamos nos dedicar mais ao desenvolvimento "espiritual" do que à simples sobrevivência. O conhecimento aplicado, que todos construíram pelo seu trabalho coletivo, e que foi apropriado pelas classes dominantes, deve ser socializado.

---

baniu o agrotóxico, sem mencionar que esse país é uma monarquia teocrática com IDH muito baixo.

Em seu ensaio sobre "A nacionalização da terra" (MARX, 2013), Marx critica aqueles que defendem a propriedade privada como direito natural. Defende que:

> ...o desenvolvimento econômico da sociedade, o crescimento e a densidade da população, a exigência de um trabalho coletivo, assim como a maquinaria e outros utensílios, convertem a nacionalização da terra em uma necessidade social, frente a qual de nada serve falar dos direitos de propriedade (MARX, 2013, p. 47-48).

E criticando que a produção do campo fique sob os "caprichos" de seus proprietários, que, inclusive por força de seus interesses podem esgotar, por ignorância, as forças da terra, Marx dirá que:

> Acresce que não havia outro caminho que não o de dar entrada na agricultura a todos os métodos modernos, como a irrigação, a drenagem, o emprego do arado a vapor, a aplicação de adubos químicos etc. (MARX, 2013, p. 48).

E continua:

> A agricultura, a mineração, a indústria, numa palavra, todos os ramos da produção irão se organizando gradualmente de modo mais eficaz e proveitoso. A centralização nacional dos meios de produção passará a ser a base natural de uma sociedade formada por associações de produtores livres e iguais, que atuarão

conscientemente, de acordo com um Plano comum e racional (MARX, 2013, p. 50).

Ou seja, Marx defende seu uso racional da natureza, o uso coletivo da terra e que o desenvolvimento científico e tecnológico, usado de forma racional para o aumento da produção coletiva, seja capaz de tornar o trabalho humano menos enfadonho e cansativo. Combatem a produção social capitalista e o desenvolvimento da ciência e da técnica que devem ser apropriadas pelos trabalhadores em uma sociedade sem propriedade privada. Se eles tiveram algum entusiasmo pelos avanços industriais foi para minorar o trabalho humano e desenvolver a produção social. Apesar de reconhecerem que o capitalismo teve um desenvolvimento do processo produtivo importante em relação a outros períodos históricos, foram críticos mordazes do sistema, onde quer que ele tenha se instalado, e nunca demonstraram entusiasmo ou foram apologistas do capitalismo europeu, sendo, antes, muito críticos, a ponto de pregarem uma revolução para superar esse sistema. Em seus textos acerca da Comuna de Paris (MARX, 1871), dizia que os trabalhadores não poderiam tomar o poder de Estado e fazê-lo funcionar a seu favor. Era necessário, para Marx, "quebra a máquina de Estado" e transformá-la radicalmente.

Dessa forma, as análises de Marx e Engels tomam um caráter global e, sendo global, aparecem sob formas "desiguais e combinadas". Assim, o sistema capitalista tem essas diversas formas na modernidade, mas é sempre o sistema que se caracteriza pela exploração da mais-valia e a apropriação privada dos meios de produção, com a terra e a ciência inclusas. No entanto, apresentam as possibilidades de analisarmos os diferentes modos de produção, de acordo com as diferentes relações sociais e, dessa forma, as análises de Marx e Engels nos permitem compreender a expropriação e exploração a que são submetidos os povos camponeses.

A Natureza para Marx e Engels

Como visto, em Marx e Engels, o "domínio" da natureza deveria ser racional e controlado socialmente. Para eles, o ser humano é parte da natureza e desenvolvem críticas ao capital pelo uso da natureza de forma destrutiva para auferir lucros. Dessa forma, apesar de suas análises globais acerca do capitalismo, é possível usar essas mesmas análises para realidades locais, tais como as vividas pelo MST ou pelo EZLN.

Sociologicamente, a relação entre o ser humano e a natureza sempre foi objeto de muitas especulações e reificações. A cosmologia primitiva, assim como a cosmologia indígena vigente em diversas sociedades atuais, procuram na natureza diversas explicações para o desenvolvimento histórico e social. Há uma alteridade, uma vida própria da natureza regendo a própria vida social e uma analogia entre o funcionamento da natureza e da sociedade:

> A analogia consiste na projeção, na natureza, de características humanas; é algo como que a antropomorfização do mundo físico. Desta forma, os fenômenos naturais ganham atributos que, a rigor, deveriam se circunscrever ao âmbito humano: amor, ódio, compaixão etc., quase sempre sob a forma de posturas adotadas por potências divinas (DUARTE, 1986, p. 14-15).

Os gregos antigos também debatiam a cosmologia e, dividindo o mundo natural entre o ar e a água, começaram a ver a natureza na sua forma não sobrenatural. Já o cristianismo coloca o ser humano acima da natureza. Na modernidade, encontramos a cisão no ser humano entre corpo e espírito, homem e natureza, e essas seriam marcas constitutivas de nosso tempo. Marx rompe com essa dualidade. Para ele, a relação ser humano/natureza é sempre dialética, pois somos seres da e na natureza. Lembremos da Crítica ao Programa de Gotha, em que Marx questiona os que defendiam ser o trabalho a fonte de toda a riqueza:

> O trabalho não é fonte de toda a riqueza. A natureza é a fonte de valores de uso (e é em tais valores que consiste propriamente a riqueza material) tanto quanto o é trabalho, que é apenas a exteriorização de uma força natural, a força de trabalho humana (MARX, p. 23, 2012).

Essa frase de Marx mostra a importância que ele denota à natureza, mesmo debatendo-a como valor de uso. Pois, como somos seres sociais humanos e seres da natureza, temos de produzir nossa existência nessa natureza. Assim, pressupõe-se, não deve ser esgotada e deve ser resguardada. Mas Marx é bastante claro quando rompe com o dualismo ser humano/natureza:

> A natureza é o corpo inorgânico do homem. O homem vive da natureza, ou também, a natureza é o seu corpo, com o qual tem de manter-se em permanente intercâmbio para não morrer. Afirmar que a vida física e a natureza são interdependentes significa apenas que a natureza se inter-relaciona consigo mesma, já que o homem é parte da natureza (MARX, 2001, p. 116).

Mas não se pode perder de vista de que necessitamos produzir valores de uso para todos os seres humanos. Assim, como se poderia conviver da melhor forma possível na e da natureza? Para Marx, como já salientamos, o fim da produção anárquica para o mercado, com controle social, poderia fazer com que convivêssemos com a natureza retirando dela o necessário à nossa sobrevivência:

> A liberdade só pode consistir em que o homem social, os produtores associados, regulem racionalmente esse seu metabolismo com a natureza, trazendo-a para seu controle comunitário, em vez de serem dominados por ele como se fora uma força cega; que o façam com o mínimo emprego de forças e sob as condições mais dignas e adequadas à sua natureza humana (MARX, 1988, p. 255).

Marx também se preocupa diretamente com a destruição da natureza, pois ele não separa as condições da natureza de suas relações sociais e históricas, como estas páginas do Capital demonstram:

> Por outro lado, a grande propriedade fundiária reduz a população agrícola a um mínimo em decréscimo contínuo, opondo-lhe uma população industrial que aumenta sem cessar, concentrada nas grandes cidades. Produz assim as condições que provocam ruptura insanável na coesão do metabolismo social estabelecido pelas leis naturais da vida. Em consequência, dissipam-se os recursos da terra e o comércio leva este desperdício muito além das fronteiras do país (MARX, s.d, p. 931).

E Marx prossegue demonstrando a contradição entre o desenvolvimento do capitalismo e o equilíbrio na natureza. Na citação abaixo, pode-se ver a crítica do que aconteceu, e acontece, no campo brasileiro, mexicano ou onde quer que o agronegócio se estabeleça como o modo que regula as relações sociais de produção do campo. Ou seja, as lutas campesinas e indígenas se dão contra a ruína do trabalho humano e contra a ruína da natureza que a grande exploração capitalista do agronegócio proporciona:

> A grande indústria e a grande agricultura exploradas industrialmente atuam em conjunto. Se na origem se distinguem porque a primeira devasta e arruína mais a força de trabalho, a força natural do homem e a segunda, mais diretamente, a força natural do solo, mais tarde em seu desenvolvimento, dão-se as mãos: o sistema industrial no campo passa a debilitar também os trabalhadores e a indústria e o comércio a proporcionar à agricultura os meios de esgotar a terra (MARX, s.d, p. 931).

Engels também apresenta um debate de grande atualidade nessa discussão. Pode-se ver nestas análises, realizadas no século XIX, uma grande atualidade com o que acontece neste terceiro milênio. O agronegócio usa a terra para auferir os lucros de maneira imediata, usando, para tanto, agrotóxicos e pesticidas que levam a terra e o trabalhador que aplica esses elementos químicos à exaustão e às doenças. Também utilizam da monocultura em grande extensão, visando à grande produção para exportação:

> Contudo, não nos deixemos dominar pelo entusiasmo em face de nossas vitórias sobre a natureza. Após cada uma dessas vitórias a natureza adota sua vingança. É verdade que as primeiras conseqüências dessas vitórias são as previstas por nós, mas em segundo e em terceiro lugar aparecem conseqüências muito diversas,

totalmente imprevistas e que, com freqüência, anulam as primeiras. [...] Assim, a cada passo, os fatos recordam que nosso domínio sobre a natureza não se parece em nada com o domínio de um conquistador sobre o povo conquistado, que não é o domínio de alguém situado fora da natureza, mas que nós, por nossa carne, nosso sangue e nosso cérebro, pertencemos à natureza, encontramo-nos em seu seio, e todo o nosso domínio sobre ela consiste em que, diferentemente dos demais seres, somos capazes de conhecer suas leis e aplicá-las de maneira adequada (ENGELS, 2011).

Quando um industrial ou um comerciante vende a mercadoria produzida ou comprada por ele e obtém o lucro habitual, dá-se por satisfeito e não lhe interessa de maneira alguma o que possa ocorrer depois com essa mercadoria e seu comprador. O mesmo se verifica com as conseqüências naturais dessas mesmas ações. [...] Com o atual modo de produção e no que se refere tanto às conseqüências naturais como às conseqüências sociais dos atos realizados pelos homens, o que interessa prioritariamente são apenas os primeiros resultados, os mais palpáveis (ENGELS, 2011).

Dessa forma, observa-se como na obra e no método dialético de Marx e Engels encontram-se análises que colocam o ser humano como ser da natureza e que, consequentemente, deve-se utilizá-la racionalmente. Pois, ao transformar a natureza, o ser-humano transforma-se a si próprio.

Assim, todos os marxismos devem defender a necessidade de irmos além da sociedade da mercadoria, e que construamos um novo modo de vida que seja socialmente sustentável. Essa nova sociedade teria que passar por mudanças sociais, econômicas, políticas e éticas profundas, devendo abandonar a proposta de "crescimento" capitalista e trabalhar para a construção de uma nova sociedade em que o desenvolvimento humano, intelectual e espiritual seja prioridade. Sem esquecer que esse desenvolvimento está intimamente interligado com as possibilidades de um desenvolvimento material dos meios de produção que seja racional e controlado socialmente.

Essas novas relações sociais devem priorizar o planejamento e definir socialmente, e não individualmente, as necessidades da sociedade e a resolução de seus problemas. Deve, também, abandonar o mercado anárquico que se reproduz apoiado na abstração midiática e publicitária que apenas induz ao consumo e priorizar o desenvolvimento levando em conta as reais necessidades de uma vida emancipada socialmente. Marx pergunta e responde:

> Mas quais seriam estas necessidades? Teríamos de debater socialmente quais seriam as prioridades humanas. Ou produtores associados, regulem racionalmente as suas trocas com a natureza, que eles a controlem juntos em lugar de serem dominados pela sua potência cega e que eles completem essas trocas despendendo o mínimo de força e nas condições mais dignas, mais conformes com sua natureza humana (MARX, s.d, p. 48).

Então, quais seriam as tais necessidades? Tem-se de debater socialmente quais seriam as prioridades humanas. Ou, nos dizeres de Marx, em *O capital*, "a estrutura do processo vital da sociedade só pode desprender-se do seu véu nebuloso e místico, no dia em que for obra de homens livremente associados, submetida a seu controle e planejamento". Ou seja, a sociedade deve questionar a produção de mercadorias capitalistas, planejando socialmente e submetendo a produção ao controle do ser humano.

Sabe-se que, para além das condições básicas de sobrevivência, como alimentar, vestir ou abrigar, foram incorporados direitos, como o direito à educação, à saúde, ao meio-ambiente saudável, à habitação digna, ao transporte coletivo, ao lazer, à arte, ao trabalho criativo, ao ócio e diversão, e esses novos direitos devem ser também as novas prioridades. Mas o ser humano vai além, e o desenvolvimento da ciência e da técnica sob o controle humano pode e deve nos proporcionar uma vida cada vez mais digna e confortável, sem exploração e expropriação e sem consumo anárquico e induzido pelo capital. Como lembra Bensaid:

> Aí efetivamente se exprime, com grande impacto, a atualidade de Marx: sua crítica da privatização do mundo, do fetichismo da mercadoria como espetáculo, da fuga mortífera na aceleração da corrida pelo lucro, da conquista insaciável de espaços submetidos à lei impessoal do mercado (BENSAID, 2013, p. 172).

Assim, a sociedade deve priorizar a produção de valores de uso, não apenas o valor de troca. Poderemos criar a cultura da solidariedade, vendo no outro um parceiro social em vez de um concorrente. E, dessa forma, combatermos a noção capitalista que o agronegócio carrega e nos mirarmos nas lutas populares, desenvolvidas por movimentos sociais, políticos e sindicais que lutam pela emancipação humana.

Mariátegui e uma vertente do marxismo latino-americano

Debater a teoria de Mariátegui neste livro é fundamental, pelo menos para a compreensão de uma vertente do marxismo latino-americano, pois suas propostas vão de encontro às lutas dos indígenas andinos, da América Central e mexicana, principalmente dos zapatistas.

José Carlos Mariátegui foi um intelectual e político peruano e viveu entre os anos de 1894 e 1930. Construiu reflexões acerca do marxismo, que considerava apropriadas à realidade latino-americana. Foi um pensador criativo e inovador, pois debateu e centralizou, em suas análises, muitas das questões inerentes a essa realidade, como a questão indígena, a problemática da terra, a religião e a educação.

Sua vida pessoal é parecida com a de muitos peruanos de ascendência popular. Nascido na cidade peruana de Moquegua, Mariátegui passou sua infância cercado de problemas pessoais. Sendo de origem social muito pobre, foi criado basicamente pela mãe, uma costureira mestiça e católica. Quando tinha oito anos de idade, em uma brincadeira com amigos, sofreu um golpe na perna que custou-lhe uma saúde precária por toda a vida. Tratou-se em uma clínica de freiras e durante o resto de sua infância teve de convalescer em casa sob os cuidados da mãe. Nunca recuperou-se e, quando adulto, teve a perna amputada.

Mariátegui teve uma infância bastante reclusa e teve de abandonar a escola. Na sua reclusão, lia bastante, pois tinha livros em casa, herança de seu pai, um *criollo* aristocrático que Mariátegui nunca conheceu. Portanto, ele não teve estudos formais, sendo autodidata, mas lia todo tipo de romances, livros religiosos e até políticos.

Na adolescência, começa a trabalhar como entregador do jornal La Prensa e toma contato com a literatura e com pessoas vinculadas ao pensamento anarquista. O jovem peruano começa a despertar para os problemas sociais e políticos e passa a participar de reuniões anarquistas. A restrição de Mariátegui em relação a essas ideias eram as antirreligiosas, pois Mariátegui, nessa época, ainda as tinha muito arraigadas.

De entregador de jornais torna-se linotipista, revisor e finalmente jornalista. Passa a escrever para jornais e revistas em um período em que o Peru estava vivendo intensas manifestações estudantis, operárias e camponesas. Cobre greves e manifestações e, cada vez mais, engaja-se e compromete-se com as causas do socialismo.

O envolvimento político de Mariátegui acaba por lhe valer um exílio na Itália entre 1919 e 1923. Foi um período fértil para Mariátegui, que toma contato com as ideias comunistas e conhece o início do fascismo italiano. É o seu período de maior contato com o marxismo e, nesse sentido, torna-se comunista. No seu retorno ao Peru, já com uma formação autodidata política e cultural consolidada, publica seu primeiro livro em 1925, denominado *La escena contemporánea*. Também publica a revista Amauta, apelido pelo qual será também conhecido a partir de então.

É interessante e irônico registrar que Mariátegui foi acusado de "europeizante", populista, pequeno burguês e heterodoxo por parte da esquerda peruana. Alegavam que sua formação marxista europeia impedia-o de analisar a realidade peruana. Porém, Mariátegui elaborava, nesse período, sua criativa análise utilizando-se dos elementos da cultura e das realidades europeia e peruana. Assim, como resposta aos seus críticos e fruto de suas elaborações, em 1928 Mariátegui publica o seu principal livro, *Sete ensaios de interpretação da realidade peruana*. Nessa obra, ele realiza uma análise original e latino-americana do marxismo adaptado à realidade peruana. E, dessa realidade peruana, podemos estender para boa parte da nossa América Latina e compreendermos um pouco mais a luta zapatista sob o prisma do marxismo.

Nesse período o Peru conhecia um crescimento industrial e populacional, consolidando-se uma burguesia - que já começava a vincular-se aos interesses dos Estados Unidos - e uma classe operária e camponesa. O movimento estudantil também é uma força de oposição, o que fará com que Mariátegui, que não havia estudado formalmente, passe a se interessar pelos problemas educativos.

O engajamento político de Mariátegui é muito grande, e ele se torna um dos fundadores e o principal dirigente do Partido Socialista, que posteriormente transformou-se no Partido Comunista do Peru. Também é um dos fundadores da Central Geral dos Trabalhadores do Peru. O jovem autodidata e de saúde precária torna-se um político e pensador comunista de enorme expressão. Porém, aos 35 anos de idade, em abril de 1930, devido aos seus constantes problemas de saúde, Mariátegui falece e deixa sua obra e seu exemplo para a compreensão do marxismo latino-americano.

As análises de Mariátegui para a compreensão das lutas de povos latino-americanos tornam-se essenciais. A impressionante atualidade dessas obras permite que se compreenda como povos indígenas, que possuíam uma produção em comum, podem ser a base de uma mudança anticapitalista na América. Suas análises explicam muitas das ações e propostas do Zapatismo.

Mariátegui e o questionamento ao racionalismo burguês na realidade Latino-Americana.

Lowy (2005) considera Mariátegui um dos representantes do "romantismo anticapitalista", pois diz que este defendia um caráter, em certo ponto, "religioso" da luta revolucionária. Esse fato se reflete, por exemplo, na influência que Mariátegui teve sobre um dos mais proeminentes defensores e um dos fundadores da Teologia da Libertação, o padre peruano Gustavo Gutierrez. O religioso cita Mariátegui diversas vezes em seu livro "Teologia da Libertação: perspectivas", livro que se tornará uma das principais obras desta Teologia, além de sempre citar Mariátegui em palestras e cursos que ministrava.

Lowy (2005) destaca a importância que Mariátegui teve para outros religiosos revolucionários latino-americanos, como o padre e guerrilheiro colombiano Camilo Torres, além de movimentos sociais e políticos, como os sandinistas ou o MST. Saliente-se que o MST teve origem na Igreja Católica, e os sandinistas, quando de sua Revolução, nos anos 1980, contaram com o apoio decisivo de setores da Teologia da Libertação e das Comunidades Eclesiais de Base. O Zapatismo também contou com o apoio de teólogos da libertação em suas lutas, principalmente do Bispo de San Cristóbal de Las Casas, D. Samuel Ruiz.

Ainda segundo Lowy (2005), o espírito "romântico/revolucionário" - romantismo entendido como um protesto contra o capitalismo racional burguês e industrial, tendo por base valores pré-capitalistas e utópicos - criou um marxismo heterodoxo na América Latina. Na concepção de Lowy, o romantismo pode apresentar-se como reacionário ou, ao contrário, revolucionário, como nos casos de E. P. Thompson, do jovem Lukács, de Ernest Bloch, de Walter Benjamin ou de Marcuse. Mariátegui representaria a corrente latino-americana desse romantismo revolucionário. Esse fato terá forte influência no político peruano quando este analisará a escola necessária ao contexto latino-americano e ao socialismo.

Não podemos deixar de considerar, também, que as lutas do MST ou do Zapatismo são cercadas por místicas, que se tornaram muito importantes para esses movimentos políticos e sociais. As máscaras negras ou os lenços que os zapatistas usam tornaram-se uma marca que foi além da necessidade de esconder a identidade. É a própria identidade do movimento. No caso do MST, as místicas que se materializavam nas atividades próximas de um teatro, mas que possuíam um caráter de impulsionar a luta, além do boné, das bandeiras vermelhas e marchas, também se constituíram em místicas. No MST atual, observa-se que certo pragmatismo diluiu muito essas atividades místicas em atividades de animação dos encontros, o que não deixa de ter seu valor e sua utilidade.

Para Lowy (2005) a obra de Mariátegui de 1925, *Dos concepciones de la vida*, seria uma rejeição ao racionalismo capitalista, propondo um retorno aos mitos heroicos, "donquixotistas". Diz que a palavra "mística" aparece com frequência nos escritos de Mariátegui, sinalizando sua dimensão espiritual e a fé no socialismo. A luta revolucionária, em Mariátegui, significaria o re--encantamento do mundo, englobando uma dialética entre o profano e o sagrado, entre fé e ateísmo, entre materialismo e idealismo. Mariátegui dizia que:

> A burguesia entretém-se numa crítica racionalista do método, da teoria, da técnica dos revolucionários. Que incompreensão! A força dos revolucionários não reside na sua ciência e sim na sua fé, na sua paixão, na sua vontade. É uma força religiosa, mística, espiritual. É a força do Mito. A emoção revolucionária, tal como escrevi num artigo sobre Gandhi, é uma emoção religiosa [...] (*apud* Lowy, 2005, p. 22).

De acordo com Lowy (2005), nos *Sete ensaios de interpretação da realidade peruana*, publicados em 1929, Mariátegui assume uma análise científica, afastando-se das análises místicas de até então. Mesmo assim, procura evitar os reducionismos racionalistas e positivistas. Segundo ele, o comunismo é essencialmente religioso, ao passo que a revolução é sempre religiosa. Em um de seus últimos escritos, *Em defesa do marxismo*, Mariátegui insiste na comparação entre as Assembleias da III Internacional e o misticismo da cristandade das catacumbas, entre Rosa Luxemburgo e Tereza de Ávila e os heróis do socialismo e do cristianismo (MARIÁTEGUI, 1976).

Em sua mais conhecida obra, *Sete ensaios de interpretação da realidade peruana*, Mariátegui analisa os sete pontos que considerou fundamentais para a compreensão da realidade latino-americana: 1) "Esquema da evolução econômica", 2) "o problema do índio", 3) "o problema da terra", 4) "o processo da instrução pública", 5) "o fator religioso", 6) "regionalismo e centralismo" e 7) "o processo da literatura". Para fins deste livro, serão centralizadas as apresentações das teses nas quais Mariátegui discute a questão da educação, ou seja, "o processo da instrução pública". Mas para compreendermos essa questão, torna-se necessário contextualizar outras discussões de Mariátegui. Por exemplo, a questão indígena e a questão da terra e da fé religiosa seriam essenciais para a compreensão das sociedades andinas e, hoje, de toda a América. Assim, não teríamos como separar essa questão do problema educativo.

Para ele, a questão indígena decorria diretamente da propriedade da terra e, para debater essa questão, discute a propriedade comum desta na sociedade inca e no período colonial. Assinala ainda que, apesar da divisão em lotes individuais, a sociedade inca plantava e considerava a água, os bosques e as pastagens, como áreas comuns. Na concepção de Mariátegui, essa sociedade vivia o "comunismo agrário". A destruição do Estado Inca pelos espanhóis e a consequente implantação do latifúndio feudal, bem como o escravismo pelos novos colonizadores espanhóis, não haviam conseguido eliminar totalmente o "comunismo agrário". A independência do Peru mudou esse caráter feudal da terra. A República independente resultou na ascensão de uma nova classe dominante, sem eliminar os privilégios do alto clero e de senhores conservadores feudais, permitindo a estes o controle do período pós-independência. Mariátegui dirá que a simples repartição de terras pela reforma agrária democrática e burguesa não resolverá o problema indígena. Para ele, o "socialismo prático" das comunidades indígenas poderia resultar numa organização de luta, que levaria à construção de uma sociedade socialista.

Mariátegui e Marx

É interessante salientar que o marxismo de Mariátegui encontra guarida no pensamento de Marx, ao contrário do que afirmavam alguns guardiões da chamada "ortodoxia marxista", termo forjado para defender alguns posicionamentos decorrentes da III Internacional, que buscou uniformizar as atuações dos comunistas em todas as partes. Mas Marx é mais dialético do que esse desencadeamento político e reconhecia que a luta contra o capitalismo pode e deve se dar de forma diferente em diferentes realidades sociais. É claro que uma das fortalezas do pensamento de Marx e Engels seria o reconhecimento de que o capitalismo passa a englobar todas as relações planetárias e, portanto, existem princípios que são aplicáveis a qualquer realidade, mas não de forma uniforme.

Como exemplo, e corroborando a tese de Mariátegui, Marx analisou o processo de trabalho dos povos russos. Como a Rússia possuía uma população massivamente camponesa e que já trabalhava na terra em comum, os comunistas russos perguntam a Marx se essa forma não poderia ser o embrião do socialismo sem passar necessariamente por relações capitalistas. Marx responde:

> Falando em termos teóricos, a "comuna rural" russa pode, portanto, conservar-se, desenvolvendo sua base, a propriedade comum da terra, e eliminando o princípio da propriedade privada, igualmente implicado nela. Ela pode tornar-se um ponto de partida direto do sistema econômico para o qual tende a sociedade moderna; ela pode se apropriar dos frutos com que a produção capitalista enriqueceu a humanidade sem passar pelo regime capitalista, regime que, considerado exclusivamente do ponto de vista de sua duração possível, conta muito pouco na vida da sociedade. (MARX, 2013, p. 96).

Considerando que o próprio Marx mostra como os capitalistas expropriam os camponeses na acumulação primitiva, pode-se argumentar o porquê dos camponeses russos não passarem por essa espoliação. É o próprio Marx que responde:

> Porque na Rússia, graças a uma combinação de circunstâncias únicas, a comuna rural, ainda estabelecida em escala nacional, pode se livrar gradualmente de suas características primitivas e se desenvolver diretamente como elemento da produção coletiva em escala nacional. É justamente graças à contemporaneidade da produção capitalista que ela pode se apropriar de todas as conquistas positivas e isto sem passar por suas vicissitudes desagradáveis (MARX, 2013, p. 89-90).

Discorrendo sobre o isolamento das comunas rurais, que poderia ser um impedimento para a socialização da produção e da vida social e política, Marx argumentará:

> Atualmente trata-se de um obstáculo muito fácil de eliminar. Seria necessário simplesmente substituir a *volost*, a instância governamental, por uma assembléia de camponeses eleitos pelas próprias comunas e servindo de órgão econômico e administrativo de seus interesses (MARX, 3013, p.95).

Assim, as análises de Mariátegui acerca do "comunismo andino" aproximam-se diretamente das análises de Marx. E, também, as propostas dos zapatistas, como iremos ver adiante, estão próximas das análises de Mariátegui e Marx.

Conclusões do Capítulo

Marx, continua sendo sem dúvidas, um dos grandes analistas e críticos do capitalismo. Descreveu o desenvolvimento desse sistema, que surgiu na Europa e se espalhou por todo o mundo. Mostrou coerência para, em seus escritos, demonstrar como o capitalismo é um sistema que aliena, oprime e explora o ser humano.

Mas, ao mesmo tempo, sendo o capitalismo um sistema global, este tomou diversas formas. E Marx já o compreendia como "desigual e combinado". Ao mesmo tempo em que analisava, não sem razão, que o camponês tendia a diminuir no contexto europeu, abria a perspectiva de que os camponeses russos, que já plantavam em comum, poderiam ser um princípio da revolução na Rússia. Essa linha de análise serviu também para que Mariátegui visse no plantio comum dos índios andinos uma das possibilidades de um início de superação do capitalismo e a construção de uma sociedade socialista superior.

Algumas vezes, principalmente no pensamento pós-moderno, há uma acusação de certo "eurocentrismo" no pensamento de Marx. Nada mais equivocado, pois a modernidade é, em si, capitalista. O capitalismo surge na Europa, mas espalhou-se, tomando formatos diferentes para a sua reprodução. A própria colonização da América trazia uma forte ligação com o capitalismo europeu. Portanto, é preciso analisar o capitalismo em sua totalidade.

Os índios, escravos, mestiços, operários e tantos outros trabalhadores de nossa América foram incorporados, de alguma forma ou outra, ao sistema capitalista. E, mesmo que Marx que não tenha estudado mais especificamente a América Latina, forneceu elementos importantes para o entendimento das relações sociais vigentes nessa parte do planeta. Foram, e ainda são, diversos os pesquisadores que estudam as formas como o capitalismo se manifestou na América, como o caso do citado Mariátegui. Assim, querer separar a atual exploração de que sofrem os nossos povos do capitalismo global é mais um equívoco culturalista e pós-moderno.

Em Marx e em Engels, encontramos muitos métodos de análise que nos permitem compreender o processo atual. Inclusive, do chamado "Bem Viver", cunhado prioritariamente para as lutas indígenas dos povos andinos, uma proposta que caminha, por vezes, por um viés mistificado, mas que quando se analisa a exploração do "Mal Viver" encontramos muitas respostas em Marx. "Bem Viver" e "Mal Viver" caminham concomitantes, numa relação dialética entre o que pretendemos ser, como somos e o que desejamos. No sentido de vivermos sob o jugo da exploração do capital ou nos emanciparmos.

E Marx, mesmo sendo um crítico da sociedade capitalista, anárquica na produção e incentivadora de um consumismo material desnecessário imposto pelo mercado capitalista, enxergava que o desenvolvimento científico e tecnológico poderia ajudar a saciar as necessidades básicas e tornar o trabalho necessário menos fatigante. Nunca foi apologista da pobreza como virtude e analisava que o desenvolvimento da ciência e da tecnologia poderia contribuir para que criássemos sociedades com menos disputas. "De cada um conforme sua capacidade para cada um conforme sua necessidade". Assim, sairíamos do "Reino da necessidade" e entraríamos no "Reino da liberdade".

CAPÍTULO 2

MST: rebeldia ou Institucionalização

MST: da rebeldia revolucionária à rebeldia institucionalizada

A esquerda brasileira adentra a segunda década no século XXI com muitas dificuldades de organização e bastante fragmentada. Os governos que assumem o governo central não quebram com a hegemonia do liberalismo de mercado, porém colocam em prática algumas políticas sociais focalizadas, decorrentes da funcionalidade destas ao sistema. Esses governos são liderados pelo PT e apoiados por diversos partidos, tendo, também, o apoio hegemônico das mais importantes centrais sindicais, como a CUT.

O PT, no governo federal desde 2003, por sua origem popular, possui uma grande base social de apoio, apesar de realizar uma política econômica bastante conservadora, que pouco se diferencia de seus antecessores. Em relação ao governo de FHC, aumentou as políticas sociais focalizadas, como as bolsas. Porém, de acordo com Oliveira (2010), com o programa Bolsa Família Lula despolitizou a questão da pobreza e da desigualdade, transformando esses problemas em "administrativos", além de ter capturado os movimentos sociais e a organização da sociedade civil. E, para definir os governos de Lula, Oliveira usa uma categoria gramsciana, porém de forma invertida. Em Gramsci, o consentimento viria das lutas de classes, nas quais os dominantes, ao elaborarem sua ideologia, convertem-na em ideologia geral, e os dominados, consentem. No caso dos governos petistas, Oliveira realiza uma inversão teórica, defendendo que os dominados realizam a "revolução moral" para que os dominados aceitem sua condição:

> Nos termos de Marx e Engels, da equação "força + consentimento", que forma a hegemonia desaparece o elemento força. E o consentimento se transforma em seu avesso: não são mais os dominados que consentem em sua própria exploração; são os dominantes – os capitalistas e o capital, explicite-se – que consentem em ser politicamente conduzidos pelos dominados, com a condição de que a "direção moral" não questione a forma da exploração capitalista (OLIVEIRA, 2010a, p. 27).

Nessa mesma trilha gramsciana, Coutinho (2010) defende que os governos petistas representariam menos uma "hegemonia às avessas" e mais a "pequena política". Define a pequena política, na argumentação de Gramsci, como aquela que se preocupa com questões parciais e cotidianas, decorrente das lutas pela predominância entre frações da mesma classe. A "grande política", que teria por base as estruturas orgânico-sociais, estaria fora dos embates e preocupações dos governos petistas. Na "pequena política", esta deixa de ser uma arena de luta por diferentes visões de sociedade e passa a ser vista como "administração" do existente. A direita assim não mais necessita da coerção, pois existe o "consenso passivo". Diz:

> A hegemonia da pequena política baseia-se no consenso passivo. Este tipo de consenso não se expressa pela

auto-organização, pela participação ativa das massas por meio de partidos e outros organismos da sociedade civil, mas simplesmente pela aceitação resignada do existente como algo "natural". Mais precisamente, da transformação das ideias e dos valores das classes dominantes em senso comum das grandes massas, inclusive das classes subalternas. Hegemonia da pequena política existe, portanto, quando se torna senso comum a ideia de que a política não passa da disputa pelo poder entre suas diferentes elites, que convergem na aceitação do existente como algo "natural" (COUTINHO, 2010, p. 31).

Coutinho (2010) continua seu raciocínio dizendo que a chegada do PT ao poder em 2003 não modificou o quadro neoliberal que estava instalado no Brasil, pois esse governo reforçou a hegemonia macroeconômica neoliberal e cooptou, ou neutralizou, importantes movimentos sociais, desarmando, assim, as resistências a esse modelo de reprodução do capital. Seria o que Gramsci chamaria de "transformismo". E essa nova hegemonia ainda havia reduzido a política ao "bipartidarismo" entre PT e PSDB, apesar de ambos aplicarem a mesma política econômica e social. Seria a vitória hegemônica da pequena política passiva e neoliberal.

O PT, que tinha origem nas lutas sociais nascidas quando o período militar entrava em agonia política, havia conseguido reunir ao fim dos anos 1970 novos sindicalistas, pastorais da igreja católica, intelectuais das esquerdas e remanescentes das lutas armadas, além de outros setores sociais. Porém, o partido que se organizava pelas bases passa a melhorar seu desempenho eleitoral e começa a tomar o rumo da institucionalidade ainda nos anos 1980. Depois de três derrotas eleitorais para presidente, em meados dos anos 1990, o PT começa ao seu processo de "transformismo" político. Aproxima-se de partidos de centro e, antes das eleições de 2002, nas quais saiu vitorioso, assina uma carta de intenções com o sistema financeiro internacional se comprometendo a "honrar" todos os compromissos assumidos. Assim, as propostas de moratória ou mesmo de auditoria das dívidas saem de cena dos debates políticos do PT. O partido "honra" seus compromissos a tal ponto que, de acordo com o site Auditoria Cidadã da Dívida,[1] baseado no Orçamento da União para 2014, o pagamento dos juros da dívida absorveram mais de 45% dos recursos federais.

Apesar dos governos petistas de Lula e Dilma terem mantido praticamente intactas as políticas macro-econômicas dos períodos Collor e FHC, duas políticas sociais são apresentadas para mostrar a importância desses governos: a Bolsa Família e o aumento de empregos de carteira assinada.

A Bolsa Família, apesar da incontestável importância para setores muito pobres, apenas demonstra a persistência da pobreza, pois o número de contemplados aumenta ano após ano. Atente-se que, para um cidadão sair da extrema miséria, de acordo com dados da ONU/FAO, basta que ele ganhe mais de 1 dólar por dia, e para sair da miséria bastam 2 dólares por dia. E quanto ao aumento do emprego, de acordo com Márcio Pochmann, 94% dos empregos formalizados entre 2002 e 2010, são de até 1,5 salários mínimos (POCHMANN, 2012) E, conforme Ruy Braga, são empregos bastante instáveis, como no telemarketing. Ou seja, a formalização

---

1 FATTORELLI, Maria Lúcia. "Gastos com a Dívida Pública em 2014 superaram 45% do orçamento federal fxecutado". Disponível em: http://www.auditoriacidada.org.br/e-por-direitos-auditoria-da-divida-ja-confira-o-grafico-do-orcamento-de-2012/. Acesso em: 09/02/2015.

seria boa para os governos que ganhariam nos impostos, mas o trabalhador continuaria precarizado (BRAGA, 2012).

Pela esquerda socialista existem dois campos. No primeiro, uma esquerda partidária, aguerrida e importante, mas com pouca base social e sindical. É o caso da esquerda que se organiza em pequenos partidos e movimentos sociais e sindicais. Fazem oposição ao petismo pela esquerda, apesar das dificuldades decorrentes das diferenças que apresentam entre eles ou mesmo decorrentes de diferentes tendências internas. Participam das eleições com candidaturas próprias ou coligadas.

Ainda no campo da esquerda, há uma segunda posição, hegemonizada pelo MST em aliança com diversos movimentos, que agrega importantes movimentos sociais e pastorais. Diferenciam-se da esquerda citada anteriormente pelo fato de, apesar de críticos ao sistema, não se posicionarem explicitamente críticos ao petismo e, eleitoralmente, defenderem hegemonicamente o voto nos candidatos desse partido para derrotar os candidatos da direita. São importantes no contexto da esquerda brasileira, mas apresentam a contradição de não romper explicitamente com o petismo e com os governos federais, fato que pode levar dubiedades ideológicas para as bases populares.

A penetração do capitalismo no campo

São conhecidas as passagens em que Marx cita o "cercamento dos campos" na Europa, possibilitando a expulsão dos camponeses e sua substituição por carneiros para a produção de lã. Os trabalhadores expulsos iriam para as cidades trabalhar nas fábricas, muitas vezes produzindo casacos de lã cuja matéria-prima advinha dos carneiros que os substituíram no campo. Marx mostra, no Capítulo XXIV do livro O Capital, "A acumulação primitiva", como os camponeses foram expropriados e expulsos para a penetração do capitalismo no campo (MARX, 2013).

Essa discussão remete-nos à análises e aos debates acontecidos no seio do pensamento socialista europeu no fim do século XIX e início do século passado, com centralidade na realidade russa. Por um lado, temos Kautsky e Lênin, que analisam que o camponês teria muita dificuldade de se inserir no modo de produção capitalista. Por outro, Chayanov defendia a reprodução camponesa como possibilidade de sobrevivência no capitalismo.

Kautsky[2] (1972) em seu livro *A questão agrária*, escrito ainda no fim do século XIX, descreve as transformações que o capitalismo impõe para a reprodução econômica e social na agricultura. Para o autor, a agricultura capitalista tenderia a se industrializar e se tornar mais viável economicamente do que a economia camponesa. Assim, este tenderia a diminuir ou até mesmo desaparecer, pois os camponeses teriam grandes dificuldades de se inserir no modo de produção capitalista e de competir com a grande produção industrializada. Com isso, tenderiam a se integrar ao processo capitalista como um todo e gerariam o êxodo rural. Ao se integrarem ao capitalismo, seria de forma subalterna, e necessitariam cada vez mais de capital e dinheiro.

Para Kaustky (1972), esse capital industrial no campo se reproduz na grande produção, e o camponês, fora desse circuito, fora da tecnificação, tenderia a procurar a sua sobrevivência nas cidades

---

2   Kautsky, líder marxista da II Internacional, tornou-se crítico dos rumos da Revolução Bolchevique na Rússia. Lênin, líder dos bolcheviques e da Revolução Russa, torna-se bastante crítico de Kautsky, a quem passa a se referir como "o renegado". Para ver o debate entre ambos, inclusive sobre os rumos das classes no campo na Rússia no período revolucionário, ver KAUTSKY e LÊNIN (1979).

ou a se tornar assalariado agrícola nessas empresas. Quando muito, o camponês sobreviveria integrado ao grande capital. Apesar de não negar a possibilidade de o camponês ser reduzido a um número ínfimo no capitalismo, não vê o seu desaparecimento como iminente, pois o capitalista agrícola poderia necessitar de seu trabalho:

> ...deixa portanto de ser o senhor da sua exploração agrícola: esta se torna um anexo da exploração industrial pelas necessidades da qual se deve regular. O camponês torna-se um operário parcial da fábrica [...] ele cai ainda sob a dependência técnica da exploração industrial [...] lhe fornece forragens e adubos. Paralelamente a esta dependência técnica produz-se ainda uma dependência puramente econômica do camponês em relação à cooperativa (KAUTSKY, 1972, p. 128-129).

Assim, Kautsky (1972) debate o processo de diferenciação na agricultura e, mesmo mostrando as tendências da superioridade da grande produção industrial capitalista, vê possibilidade da sobrevivência do camponês através do processo cooperativista e do enfrentamento ao capitalismo no campo pela organização coletiva camponesa.

Lênin, em seu livro *O Desenvolvimento do Capitalismo na Rússia*, publicado no mesmo período do livro de Kautsky, analisa as tendências de "desintegração" do campesinato em um modo de produção capitalista. Para ele, o camponês se transformaria em um empresário rural ou tenderia ir à ruína. Dizia que o camponês se tornaria subordinado ao mercado, tanto para seu consumo pessoal e de sua família como para desenvolver suas atividades produtivas. Nesse sentido, teríamos uma modificação profunda nas bases produtivas no campo:

o campesinato antigo não se "diferencia" apenas: ele deixa de existir, se destrói, é inteiramente substituído por novos tipos de população rural, que contribuem à base de uma sociedade dominada pela economia mercantil e pela produção capitalista (LÊNIN, 1985, p. 114).

Essas mudanças também provocariam mudanças na composição das classes sociais no campo, com o aparecimento de uma burguesia agrária e de operários agrícolas. Os camponeses teriam muitas dificuldades de se manterem e tenderiam a migrar para os trabalhos nas fábricas.

Chayanov,[3] que não vinha da tradição marxista, não analisa o camponês como submetido às relações mercantis, pois, para o autor, o camponês priorizava a sua subsistência e de sua família, e não a reprodução do capital. Dessa forma e considerando a inexistência do trabalho assalariado na produção camponesa, Chayanov considerava o trabalho camponês como um modo que não se enquadrava na reprodução capitalista. Portanto, a racionalidade camponesa seria centralizada na reprodução familiar, não do capital. O trabalho seria familiar, e em alguns momentos seus membros se empregariam ou contratariam empregados para ajudá-los, sem que isso configurasse a introdução do trabalho assalariado. Porém, na lógica do aumento da necessidade de consumo das famílias, os camponeses, se veriam forçados ao aumento da produtividade de sua unidade camponesa. Mas esse aumento estaria dentro da lógica camponesa, e não da transformação do camponês em um empresá-

---

3   Alexander Chayanov foi um agrônomo e economista russo. Apesar de ter trabalhado para o governo de Kerensky, colaborou com a Revolução Soviética até os anos 1930, quando caiu em desgraça, acusado de defender os Kulaks contra a coletivização do campo

rio rural. Como o camponês poderia sobreviver sem se tornar um capitalista ou se sucumbir? Para Chayanov, o camponês poderia aumentar sua produção e sobreviver à entrada do capital mesmo não sendo um capitalista por meio do cooperativismo coletivo. Dessa forma, e não pela introdução da grande empresa capitalista, poderia acontecer o aumento da produtividade no campo.

Salientamos que a difícil convivência do camponês com o capitalismo no campo é uma marca na história moderna, pois o sistema do capital é mercantil e se centra na produção de mercadorias. Assim, todos os países que desenvolvem a reprodução do capital tendem a expulsar os camponeses ou a integrá-los ao sistema. Não estamos assistindo ao fim do camponês, mas sua diminuição percentual é bastante clara, principalmente nas áreas onde o capital mais penetra.

Hobsbawn em seu livro *A Era dos Extremos* afirma que a urbanização foi a mais importante mudança do século XX, pois, até então, praticamente todos os países do mundo ainda mantinham uma população rural bem superior à população urbana. No fim do século, mesmo os países periféricos e "rurais" conhecem uma impressionante migração campo/cidade. Diz:

> A mudança social mais impressionante e de mais longo alcance da segunda metade deste século, e que nos isola para sempre do mundo do passado, é a morte do campesinato. (HOBSBAWN, 1995, p. 284).

E assim caminha o capitalismo para a reprodução do capital. Quanto mais adentra em nações para a sua reprodução, menos necessita do trabalhador no campo. No mundo atual, os países considerados "mais atrasados para os padrões capitalistas", como alguns países africanos, asiáticos ou latino-americanos, são os que apresentam uma maior população camponesa.

De acordo com Bernstein (2011),

> Conforme os países se industrializam, a proporção de trabalho dedicada à agricultura se reduz. Em 2000, a proporção da força de trabalho total empregada na agricultura nos Estados Unidos era de 2,1%; na União Européia, de 4,3%; no Japão, de 4,1% e no Brasil e no México, respectivamente, de 16,5% e 21,5%. (BERNSTEIN, 2011, p. 7).

Assim, é verdade que, mesmo com as diferenciações existentes ao longo da reprodução do capital, no século XX encontra-se um processo de industrialização capitalista do campo no hoje chamado agronegócio, gerando a diminuição percentual do camponês e a pauperização de boa parte de sua unidade de produção. Ao mesmo tempo, vemos outros camponeses se integrarem ao capital, na forma da industrialização da pequena produção camponesa ou através da integração direta com a indústria.

Por outro lado, vemos o camponês resistir. Muitas revoluções socialistas no século XX foram motivadas, primeiramente, pela luta por terra. E neste novo século estamos assistindo à continuação, em diversas partes do globo da luta por terras, como no caso do MST ou do EZLN.

A penetração do capitalismo no campo brasileiro

O Brasil vem conhecendo o fenômeno descrito há algum tempo. Fazendo um recorte para o período JK, observa-se que a proposta de "cinquenta anos em cinco" levou a uma grande migração do campo para as cidades. O período militar radicalizou com sua proposta de "modernização conservadora", "conquista de fronteiras" e "apoio ao agronegócio". Todos esses governos se propunham a "desenvolver" o capitalismo no Brasil e, consequentemente, "urbanizar o país". Nas últimas décadas, o capitalismo mundial tomou novo formato com a sua reprodução neoliberal. No Brasil, com o avanço e consolidação do agronegócio, a necessidade da reforma agrária começou a ser questionada.

Nos anos 1990, período de maior crise do socialismo e de consolidação do neoliberalismo no Brasil, houve um recuo de praticamente todos os movimentos sociais e políticos de trabalhadores. A exceção ficou com o MST, que, "contra tudo e todos", conseguiu se firmar como uma contraposição ao capitalismo na sua forma neoliberal de então. Ao contrário dos outros movimentos, não se entregou ao pragmatismo ou ao desânimo generalizado do período. Foi à luta e enfrentou o latifúndio, o agronegócio, a imprensa e o neoliberalismo do governo Fernando Henrique Cardoso. Essas ações ficaram demarcadas, principalmente, nos anos 1990. Ou seja, no período de maior expansão do capital na sua fase neoliberal – de crise das ideias socialistas, do fim da URSS, da incorporação dessas políticas no Brasil pelo período FHC –, o MST "nadou contra a corrente" e conseguiu se impor mostrando que existiam trabalhadores querendo terras e que era preciso ter um projeto de país que os incorporasse. Defendiam que não seria necessário seguir o modelo do capitalismo mundial que eliminava os camponeses ou que os submetia.

Assim, o MST tornou-se um dos mais importantes e criativos movimentos não só pela defesa da reforma agrária, mas também ao questionar o movimento do capital e propor um modelo de país em que os camponeses seriam integrados ao novo projeto de país que fosse "para além do capital". Assim, o MST se sobressai perante outros movimentos sociais e sindicais.

Resistente, o MST incomodou as elites, o poder político, o poder econômico e o preconceito, organizando-se para ganhar as ruas das cidades e as terras passíveis de reforma agrária e, até mesmo, debatendo e colocando em prática um novo projeto educativo. Nesse período de retração dos movimentos sociais e sindicais no Brasil e no mundo, o MST havia conseguido, pelas ações diretas e por não se curvar ao pragmatismo, ser uma referência para as esquerdas brasileiras e mundiais.

Antunes (2011, p. 43) lembra que:

> O MST, em verdade, tornou-se o principal catalisador e impulsionador das lutas sociais recentes e, pelos laços fortes que mantém com setores sociais urbanos, tem possibilitado a retomada das ações sociais de massa no Brasil. Sua importância e seu peso decorrem do fato de que o MST tem como centro de atuação a organização de base dos trabalhadores por meio de ocupações, acampamentos e assentamentos, sem subordinar-se à ação institucional ou parlamentar.[...]. Em seu universo político-ideológico, o MST resulta da fusão da experiência da esquerda católica, vinculada à Teologia da Libertação e às comunidades de base da Igreja, com militantes formados no ideário e na práxis de inspiração marxista, retomando as duas vertentes mais importantes das lutas sociais recentes no país.

O MST torna-se a "vanguarda" das lutas sociais no Brasil, enfrentando e denunciando o neoliberalismo. As suas espetaculares ações diretas, ocupando e produzindo, tornaram-se as mais polêmicas e debatidas ações no campo da política. A despeito de toda a oposição conservadora nos anos 1990, torna-se uma referência para as lutas sociais no campo da esquerda. Diferentemente dos sindicatos, o MST não "reivindicava" apenas, mas organizava-se e ocupava terras, criava cooperativas e escolas.

Se essas ações são fundamentais num primeiro momento, veremos que, na sequência, tornam-se problemáticas, pois o capitalismo continuou soberano no Brasil nos anos 2000, inclusive conseguindo melhores índices de desenvolvimento no governo Lula do que no governo Fernando Henrique. O MST, que viu a reforma agrária subalternizada também nos novos governos petistas, governo este que trocou as desapropriações por bolsas, pelo incremento do Pronera e do crédito para a agricultura familiar, inseriu-se, de alguma forma, no sistema mesmo não perdendo sua capacidade crítica.

O capital se reproduz em diversas instâncias. E a reprodução não acontece apenas no campo da economia, mas também, e concomitantemente, da política e da educação, por exemplo. A reprodução em sua forma neoliberal entrou em desgaste político no início do novo século, e o bloco de poder reavaliou a questão da governabilidade e da sua agenda, propondo uma "outra via" que se propunha a modificá-lo sem perder a "essência". Assim, novos candidatos passam a vencer eleições, principalmente na América Latina, levando esse novo liberalismo reciclado ao palco político. Com isso, o Brasil assistiu ao desgaste do neoliberalismo no campo político, representados pelos governos Collor e Fernando Henrique, que foram substituídos por governos que criticavam as políticas econômicas desses governos – apesar do continuísmo no nível macro-estrutural – e eram próximos dos movimentos sociais, como no caso de Lula da Silva e Dilma Rousseff.

Porém viu-se que, se o governo Fernando Henrique trazia para a cena política a luta de classes, com praticamente toda a esquerda brasileira se mobilizando contrariamente, nos governos Lula e

Dilma, a esquerda foi tomada de certa perplexidade, pois mesmo que esses governos tenham realizado algumas políticas sociais, principalmente o Bolsa Família e o aumento do Pronaf, muitas delas funcionais ao sistema, foram marcados prioritariamente por manter-se estritamente nos marcos da reprodução do capital. Se no período Fernando Henrique Cardoso os movimentos sociais e de trabalhadores perderam força política, no período Lula e Dilma esses movimentos perderam muito de sua capacidade de organização autônoma frente ao governo. Muitos movimentos sociais viram o governo Lula como "governo em disputa" ou "governo de coalizão de classes", mesmo quando estava claro que a coalizão hegemônica nos governos Lula e Dilma era a dos setores dominantes do capital. E o MST, mesmo que de forma crítica, recua nas suas ações, analisando – no caso específico de forma correta – que havíamos entrado em um período de descenso das lutas sociais, e que era necessário acumular mais forças.

Assim, o MST adentra o século XXI sendo um dos mais importantes movimentos sociais e políticos do Brasil e do mundo contemporâneo. Apresenta uma importante radicalidade ao questionar a grande propriedade privada capitalista e ao não renegar o socialismo e as possibilidades de superação do capitalismo. Colocou as ações diretas e o enfrentamento ao poder dominante econômico e político no centro de suas ações. Continua lutando de cabeça erguida contra os poderosos e a favor do socialismo em nosso país. Continua com a sua política de ocupação de terras e de espaços políticos urbanos. É uma referência da esquerda mundial. Mas, mesmo diante desses fatos, perde força e visibilidade política. Qual o motivo?

Algumas hipóteses podem ser levantadas, mesmo sendo apenas recortes, pois os motivos são complexos. Assim, os recortes aqui utilizados serão para a aproximação com a política institucional, como a dependência por créditos para seus assentamentos e para a educação, área em que o MST passa a fazer grandes investimentos.

Não se pode deixar de salientar que, a despeito de toda a luta do MST, a população rural continua diminuindo. Pelos dados do IBGE, no ano 2000, cerca de 19% da população brasileira ainda residia no campo. Em 2011, o número abaixou para 15%. E, mais preocupante, de acordo com o PNAD, 45% da população rural tem mais de 55 anos de idade.

O MST e a política institucional no período petista

Os anos 2000 trouxeram ao Brasil uma nova realidade: a vitória eleitoral de Lula da Silva, um presidente que continuava as políticas econômicas de seus antecessores, mas que tinha origem no movimento popular e um ótimo relacionamento com os setores populares organizados. O MST – como a grande maioria das esquerdas –, que já vinha encontrando dificuldades em suas ações de ocupações de terra e que entrava em um período de "descenso" na avaliação de suas próprias lideranças, enxerga em um primeiro momento, no governo Lula, a possibilidade real de fazer nesse governo o necessário acúmulo de forças para a retomada das lutas sociais. Continua a enfrentar o agronegócio baseando suas ações na "luta de classes", porém, no campo político institucional, passa a considerar o novo governo como "em disputa". Assim, insere-se nas disputas institucionais pela hegemonia no novo governo e assim permanece, mesmo quando esse governo começa a se mostrar hegemonicamente vinculado ao capitalismo e ao agronegócio.

De modo acertado, analisa que a principal luta do movimento é contra o capital na agricultura, ou seja, o agronegócio. Dessa forma, coloca em evidência a luta de classes e que o Estado seria um produto e instrumento dessa luta, não sendo o alvo prioritário. Essa análise, em termos marxistas, seria correta, pois o Estado, sendo produto histórico da luta de classes, não seria o instrumento que colocaria fim à luta de classes. Mas não se pode menosprezar o poder do Estado na própria luta de classes, pois este serve ao capital hegemonicamente, mas pode ser um instrumento importante na luta dos trabalhadores. Assim, estes devem disputar, de forma autônoma, os governos para a defesa de seus interesses. E, se esses governos representarem majoritariamente os interesses capitalistas, não devem receber o apoio dos movimentos anticapitalistas. E esse foi um dos grandes problemas que acometeu a grande maioria dos movimentos sociais no Brasil com a chegada do PT ao governo federal.

Para a direção hegemônica do MST,[4] o governo petista não foi visto, como já dito, apenas como um instrumento da classe dominante, mas sim "contraditório" e de "composição de classes", abrigando setores de direita, representados, principalmente, nos ministérios econômicos, e de "esquerda", presentes nas áreas sociais. Portanto, o governo poderia ser disputado, e os movimentos sociais deveriam pressionar o governo "pela esquerda". Segundo um dos principais líderes do MST, João Pedro Stédile:

> [...] É um governo de composição de classes. Ao longo desses sete anos, ele adotou uma política que agradou gregos e troianos. Ou seja, ele, com sua política econômica, beneficiou os banqueiros, os grandes grupos transnacionais, e, ao mesmo tempo, fez políticas de

---

4   Direção hegemônica, pois existem diversas concepções políticas defendidas pelas lideranças do MST. Porém, o "centralismo democrático" arrefece esses debates internos.

assistência social, como o Bolsa Família, Prouni, [promoveu] a valorização do salário mínimo, aumentou os recursos para o Pronaf, o que atendeu a uma parcela mais pobre da sociedade brasileira.[5]

Dessa forma, com diversos movimentos sociais e sindicais analisando o governo petista como "conciliador de classes", esse governo contribuiu para desarticular ainda mais os movimentos de esquerda. Importantes movimentos sociais e políticos, marcantes em diversos momentos da história da esquerda brasileira, como a CUT, a UNE[6] e tantos outros irão apoiar hegemonicamente o projeto político do novo governo, deixando em segundo plano as críticas à manutenção de políticas de fortalecimento do capital empreendidas pelos governos petistas. Outros manteriam parte de sua postura crítica, como o MST, porém sem a força do período anterior.

Com contradições publicamente minimizadas – por força, principalmente, das análises táticas e estratégicas – com os atuais gestores do capitalismo brasileiro, ou seja, o governo federal, e não rompendo com o governo que na luta de classes é favorável ao agronegócio e à direita, o MST vê sua força política diminuída. Sendo dependente das políticas públicas e, aparentemente, para os setores dominantes, defendendo o governo que gere essas políticas, mesmo que de forma crítica, o MST passa a ter "sua imagem" vinculada aos governos petistas. Dessa forma, parte da grande imprensa passa a se

---

5   STÉDILE, João Pedro. "Reforma agrária regrediu no governo Lula". Disponível em: http://noticias.uol.com.br/politica/2009/08/15/ult5773u2075.jhtm. Acesso em: 15/06/2013.

6   Esses grandes movimentos de trabalhadores e estudantis carregam contradições dentro de suas lutas, existindo setores críticos e independentes ao governo. Porém, hegemonicamente, defendem o não rompimento com os governos Lula e Dilma.

preocupar não com a luta de classes advinda das ações do MST, já que sua capacidade política diminuía, mas em vincular o movimento ao governo petista para fazer oposição a esse governo.

Ou seja, as ações políticas do MST, aparentemente, perdem a autonomia na luta de classes, e o Movimento Sem Terra passa a ser visto, pelos setores dominantes, como mais um movimento "de apoio" aos governos petistas. Assim, a direita mais retrógrada passa a criticar o MST para desgastar os governos Lula e Dilma, e não para inserir a reforma agrária na luta de classes. O MST volta a aparecer na "grande imprensa" somente quando esta quer fazer a vinculação do Movimento Sem Terra com o governo petista visando a desgastá-lo.

Além da aparência citada e criada pela grande imprensa, o MST, apesar de manter-se como um combativo movimento social, torna-se, realmente, ambíguo nas suas ações políticas, passando a não realizar críticas públicas aos governos petistas. Dessa forma, aproxima-se dos governos petistas, mesmo mantendo a autonomia em suas críticas internas.

E, reforçando as análises de que criticar o governo petista seria dar forças para a direita, especificamente ao PSDB, apoia, nas eleições, o "mal menor". Analisa, de forma tática e estratégica, que a luta imediata não é pelo socialismo, e que ainda teríamos de reforçar as políticas estatais sociais em benefício do povo e construir um chamado Projeto Popular, mesmo nos marcos do sistema. De acordo com Stédile:

> ...há outros setores da esquerda brasileira, mais radicais, como correntes do PSOL e do PSTU, que defendem o "socialismo já". Eles acreditam que o capitalismo já chegou a sua maioridade aqui no Brasil e que não há outra saída sem o socialismo. Só que a palavra socialismo é muito

forte. Significa socialização da propriedade dos meios de produção. Não é apenas você ser socialista no sentido humanista, ser socialista por querer uma sociedade mais justa; nós, dos movimentos sociais, defendemos um quarto projeto, que chamamos de Projeto Popular, que é, nos marcos da nossa sociedade, fortalecermos de fato o Estado para que ele adote uma política econômica que leve ao desenvolvimento do país em benefício do povo. [...] Mas não basta colocar no papel "esse é o nosso projeto". É preciso construir, acumular forças populares que atuem para a implementação desse projeto.[7]

Porém, o próprio Stédile, citado anteriormente, reconhece que esse governo de "conciliação de classes" não está respondendo minimamente a implementação de um Projeto Popular:

> ...entra governo, sai governo, e a luta pela reforma agrária continua sempre igual. Durante os governos Lula e Dilma, os movimentos sociais achavam que a reforma agrária, enquanto programa de governo poderia avançar. Mas infelizmente seguiu a mesma lógica. Só anda nas regiões e locais aonde houver maior pressão social.[8]

Pelo lado do governo, Luiz Dulci, que foi chefe da Secretaria-Geral da Presidência no governo Lula, diz que as mobilizações

---

[7] STÉDILE, João Pedro. "Líder do MST diz que melhor solução para o Senado é a extinção". Disponível em: http://noticias.uol.com.br/politica/2009/08/15/ult5773u2074.jhtm. Acesso em: 27/06/2012.

[8] Idem. "Reforma agrária agoniza: Desempenho vergonhoso do governo Dilma". Disponível em: http://www.mst.org.br/node/13682. Acesso em: 30/07/2012.

populares foram fundamentais para garantir as ações do governo petista e a sua governabilidade:

> Para comprová-lo, basta lembrar as três marchas da classe trabalhadora, promovidas pelas centrais sindicais, todas com 40 mil ou 50 mil participantes, os "Gritos da Terra", realizados anualmente pela Contag [Confederação Nacional dos Trabalhadores na Agricultura]; os acampamentos nacionais do MST, as esplêndidas "Marchas das Margaridas", que reuniram na Esplanada dos Ministérios 30 mil camponesas de todo o Brasil, para não falar das jornadas de luta da juventude, nas mobilizações feministas e do povo negro e nas imensas "Paradas Gay" que acontecem periodicamente em diversas capitais brasileiras (DULCI, 2010, p. 144).

Para Dulci, os movimentos estariam mobilizados demonstrando que o Brasil vivia um período de democracia participativa propiciado pelos governos petistas. No caso do MST, sabe-se, continua cobrando desses governos mas, de forma contraditória, mobiliza-se em diversas ocasiões para apoiá-los, corroborando a fala de Dulci. Assim, o MST permanece como o mais importante movimento social e político brasileiro, mas emaranhado nas contradições dos governos petistas.

Os governos Lula e Dilma demonstram o mesmo apreço pela reforma agrária quanto os seus antecessores. Ou seja, quase nenhum. E, fato é, todos os governos que assumiram, desde a chamada "modernização conservadora" da agricultura brasileira no período militar, privilegiam o agronegócio. Guilherme Costa Delgado analisa que a reforma agrária é vista nesses governos como um atenuante da miséria, mas que o interesse real do governo seria a:

> ..."opção estratégica" pelo modelo de agronegócio, que envolve grandes propriedades e monocultura: "O agronegócio seria um jeito de inserir a economia brasileira na economia mundial, por meio da provisão de commodities, como a salvação das contas externas".[9]

Alexandre Conceição, outra liderança nacional do MST diz que:

> O governo Dilma é refém dessa aliança com o agronegócio, que é o latifúndio modernizado, que se aliou com as empresas transnacionais. O governo está iludido pela proteção que a grande mídia dá a essa aliança e com os saldos na balança comercial. Mas esquece que esse modelo é concentrador de terra e de renda, desemprega muita gente, desmata o meio ambiente, sobrevive usando cada vez mais venenos agrícolas, que vão se transformar em câncer [...][10]

Porém, mesmo reconhecendo que o governo Dilma seria vinculado ao agronegócio, Alexandre Conceição diz que os governos

---

9 DELGADO, Guilherme. "Porque a desapropiação de terras está parada no governo Dilma?". Disponível em: http://www.mst.org.br/content/por-que-desapropriacao-de-terras-esta-parada-no-governo-dilma. Acesso em: 06/01/2013.

10 CONCEIÇÃO, Alexandre. "MST: Aliança do governo Dilma com agronegócio emperra reforma agrária". Disponível em: http://www.viomundo.com.br/denuncias/mst-alianca-do-governo-dilma-com-agronegocio-emperra-reforma-agraria.html. Acesso em: 08/02/2015.

Dilma e Lula são governos de uma "frente política" que abarcaria do agronegócio até os camponeses mais pobres:

> Os governos Lula e Dilma não são governos do PT nem de esquerda. São governos de uma frente política de classes que reúne um amplo leque de classes sociais brasileiras. Desde a grande burguesia, o agronegócio, a classe média, a classe trabalhadora, os camponeses e os mais pobres. Essa natureza de composição dá estabilidade política ao governo e amplas margens de apoio na opinião pública, mas impede reformas estruturais, que afetariam os interesses das classes privilegiadas.[11]

Mas torna-se difícil delimitar a "composição política" em um governo que é dominado por setores do grande capital e que governa hegemonicamente para tais. E essa hegemonia do grande capital é mais visível quando a reforma agrária, em qualquer de seus formatos, não tem sido implementados pelos governos petistas.[12]

O MST foi a grande referência da esquerda nos mais duros anos de implementação da ideologia neoliberal. Havia mostrado ser possível se organizar, ir para as ruas, ocupar, debater e construir uma nova hegemonia, mesmo num período em que tudo dizia não ser possível, e foi a referência para a organização contra-hegemônica em um período de hegemonia quase absoluta do capital. Mas no decorrer do novo século assume a nova realidade de forma mais pragmática.

---

11   CONCEIÇÃO, Alexandre. "MST: Aliança do governo Dilma com agronegócio emperra reforma agrária". Disponível em: http://www.viomundo.com.br/denuncias/mst-alianca-do-governo-dilma-com-agronegocio-emperra-reforma-agraria.html. Acesso em: 08/02/2015.

12   *Ibidem.*

Aceita o real "descenso das massas" e o consequente retraimento das lutas sociais, mesmo continuando com as ocupações de terra e com seu caráter crítico. Ou seja, o MST, que havia mostrado que se poderia organizar a outra hegemonia mesmo nos períodos adversos, muda o discurso e a prática, mesmo que de forma "tática e estratégica". Assume que os movimentos sociais vivem períodos de ascenso e descenso e que seria necessário novo ascenso das massas para que o movimento assumisse sua radicalidade socialista.

Passa a se adequar, ainda que parcialmente, ao discurso da "impossibilidade objetiva", buscando recriar-se, dessa maneira, no novo quadro político. Sabe-se que os momentos políticos modificam-se e que deve-se compreender cada etapa. Agarrar-se a determinadas análises e formas de luta quando estas não mais correspondem à realidade seria agarrar-se à nostalgia. Porém, o pragmatismo pode não ser o melhor caminho para se prosseguir as lutas, e a criação de novas formas de embate pode ser feito em novos moldes para novos tempos no campo da esquerda. Assumir que não se tem condições objetivas para o enfrentamento com o capitalismo e não procurar criar essas condições no estágio atual do capitalismo brasileiro, preferindo colocar-se ao lado de governos "menos neoliberais", pode ser uma política pragmática, que joga as contradições para o futuro, mas não contribui efetivamente para a luta nesse momento histórico.

Temos de considerar que o capitalismo é o sistema dominante e já maduro no Brasil contemporâneo e, nisso, não houve mudanças com as trocas de governos, já que o novo governo petista assumiu plenamente a reprodução do capital sem receber a devida oposição de diversos movimentos sociais críticos. A esquerda dividiu-se, principalmente entre governistas e não-governistas, em vez de buscar caminhos próprios e independentes.

Como exemplo, podemos citar o período Fernando Henrique, cujo governo dizia que no Brasil não havia mais terras passíveis para se realizar a reforma agrária, afirmando que qualquer governo iria se deparar com essa problemática. Chegando ao poder, o governo Lula usou, em outros termos, os mesmos argumentos, dizendo que os atuais índices de produtividade legais para a desapropriação de terras impediam a reforma agrária. Ou seja, que com esses índices de produtividade, não havia como fazer a reforma agrária. Os movimentos, entre eles o MST, passaram a cobrar a mudança legal desses índices, realizando, inclusive, uma marcha até Brasília, a qual culminou na promessa do presidente Lula, nunca cumprida, de mudar esse panorama.

Mas estudos realizados já demonstraram que grande parte das terras do agronegócio são devolutas, ou seja, terras públicas. O governo, sem mexer nos "índices de produtividade", poderia retomar as terras invadidas pelo agronegócio e realizar a reforma agrária. Claro que isso geraria conflitos enormes, mas um governo de esquerda não deveria temê-los. Ainda essa questão não foi devidamente cobrada pelos movimentos sociais. O problema das terras devolutas é apresentado pelo professor Ariovaldo Umbelino de Oliveira com os seguintes dados:

> Cabe lembrar que mais de 212 milhões de hectares de terras públicas, devolutas ou não, estão fora dos registros do Incra, dos institutos de terras estaduais e dos cartórios de registro de imóveis. Ou seja, essas terras estão cercadas, mas não existem para o Estado. Outros 84 milhões de hectares aparecem no cadastro do Incra como posse, e, dentre elas, apenas 21 milhões de hectares são posses legalizáveis pela legislação em vigor.

Outros 63 milhões vão se somar aos 212 milhões, totalizando 275 milhões de hectares de terras cercadas ilegalmente no país, e, em sua maioria, a áreas médias e grandes que não podem ser legalizadas. Essa é a razão pela qual os grileiros sempre atuaram politicamente, ou seja, procurando impedir que os governos estaduais e a União fizessem as ações discriminatórias das terras devolutas sob suas jurisdições.[13]

Assim, parte da esquerda mais representativa manteve a posição imediatista de não criticar os governos petistas por estes não exigirem a posse das terras "griladas" pelo agronegócio, visando a evitar o "mal menor" ou analisando que os governos são "incompetentes" frente ao capital. Mas as esquerdas, mesmo sendo minoritárias nos primeiros anos do novo século, mesmo que não cheguem ao governo no curto prazo, deveriam começar a demarcar seu campo próprio, demarcar suas diferenças com novos e antigos liberais e avançar na construção de uma sociedade para superar o capitalismo. Não existe reforma agrária capitalista, a não ser para submetê-la ao projeto do capital. Se os trabalhadores querem um projeto autônomo e socialista, devem se organizar para disputar a luta de classes contra os setores do capital incrustados nos meios de produção ou nos governos. A denúncia e a luta concreta contra o capital, representado por capitalistas ou por governos, devem ser o principal objetivo dos socialistas.

Um fato muito importante para o MST foi a realização, em 2013, de seu VI Congresso Nacional, realizado na cidade de

---

13 OLIVEIRA, Ariovaldo Umbelino. "A raposa e o galinheiro". Disponível em: http://www.diplomatique.org.br/artigo.php?id=486. Acesso em: 07/02/2015.

Brasília. O Congresso foi realizado dentro de um grande ginásio e, no lado externo, foi exposta uma enorme feira de produtos vindos de assentamentos do MST. Pode-se dizer que o Congresso representou um grande momento para o movimento, pois conseguiu reunir cerca de quinze mil militantes e simpatizantes do MST. Os militantes, nesse Congresso, assumiram posições bastantes críticas ao governo da presidente Dilma. Cobraram dela o aumento do número de assentamentos, a sua vinculação com setores ruralistas e os gastos com a Copa da Fifa em 2014. Em manifestações na Praça dos Três Poderes, inclusive com enfrentamento com as forças policiais, a direção do MST conseguiu ser recebida pela presidente Dilma. E, mesmo com a série de promessas não cumpridas, o MST viria a apoiá-la para presidente novamente nas eleições de 2014.

Porém, mais importante do que os momentos do Congresso, são as resoluções. E uma delas diz respeito ao esgotamento da reforma agrária clássica e sua transformação em reforma agrária popular. De acordo com a direção do MST, esse tema já havia sido debatido com as "bases" do movimento, e o Congresso serviu apenas para referendar, perdendo um bom espaço para debates e novas resoluções. Mas a reforma agrária clássica estaria superada? Sim, pois o capitalismo brasileiro não mais necessita aumentar a produção, e a reforma agrária clássica estaria muito vinculada ao desenvolvimento do mercado interno de alimentos. Superada a reforma clássica, qual seria a sua substituta? Aqui, a nova proposta de reforma agrária popular apresenta-se sem afrontar o capital ou o governo. De acordo com Pinassi, as propostas seriam tímidas:

> Nesta medida, considero modesta a propositura deste congresso:

1) de canalizar sua luta para a agroecologia e para a soberania alimentar num mundo que democratiza a pestilência do agrotóxico e da transgenia;

2) de canalizar a energia da sua base para a reforma política proposta pelo governo Dilma e;

3) de propor "a construção de uma reforma agrária popular", quando essa construção já foi realizada, na luta, pela sua brava militância em todo o Brasil.[14]

Mesmo reconhecendo a importância da diversificação agrícola, as propostas de reforma agrária devem ser mais ousadas. O agronegócio "grila" terras públicas que deveriam ser socializadas e coletivizadas, tornando-se empresas agrícolas públicas, sob controle dos trabalhadores e da sociedade brasileira. Deveria ser construído um "outro modelo" para a gestão dessas terras coletivas, mas não se deve perder de vista a possibilidade dessa socialização. Esse modelo pode e deve ser combinado com a reforma agrária camponesa cooperativada.

Sabe-se que ações diretas representaram o grande trunfo para o MST. Porém, para que as cooperativas funcionassem, para que as escolas tivessem professores e infraestrutura, para que a pequena produção fosse viabilizada, o MST necessitou conquistar os créditos financeiros oferecidos pelos governos federais. Em um primeiro momento, no governo Fernando Henrique Cardoso, as conquistas

---

14 PINASSI, Maria Orlanda. "Balanço dos 30 anos do MST". Disponível em: http://www.correiocidadania.com.br/index.php?option=com_conten t&view=article&id=9378:submanchete240214&catid=25:politica&Item id=47. Acesso em: 10/03/2014.

foram fruto de muitas lutas e mobilizações. Assim, foram criados o Pronaf[15] e o Pronera.[16] Essas políticas foram bastante incrementadas no período dos governos petistas, e muitas vezes os movimentos foram chamados a gerir esses programas, através de cargos ou parcerias. Luiz Dulci diz:

> Um exemplo notável dessa nova forma de governar é o Plano Safra de Agricultura Familiar, que elevou de R$ 2,5 bilhões para R$ 15 bilhões o financiamento do setor e está promovendo uma autêntica revolução na pequena agricultura brasileira, em benefício de três milhões de famílias (cerca de 12 milhões de pessoas), dando-lhes um peso econômico e uma força política que nunca tiveram. [...] O Plano Safra foi construído pelo governo em conjunto com as principais entidades do setor – a Confederação Nacional dos Trabalhadores na Agricultura (Contag), a Federação Nacional dos Trabalhadores na Agricultura Familiar (Fetraf), o Movimento dos Pequenos Agricultores (MPA), e o Movimento dos Trabalhadores Rurais Sem Terra (MST), entre outras – no Conselho Nacional de Segurança Alimentar (DULCI, 2010, p. 136).

Porém, ao lado dos dados apresentados pelo chefe da Casa Civil de Lula, há outros dados que demonstram que, do mesmo modo que Fernando Henrique, os governos Lula e Dilma priorizam o agronegócio, pois este exporta grãos e importa dólares. Como política social, Lula e Dilma fortalecem o apoio que recebem dos

---

15   Programa Nacional de Agricultura Familiar.
16   Programa Nacional de Educação na Reforma Agrária.

movimentos sociais do campo e aumentam o crédito do Pronaf e do Pronera, apesar de essas políticas ainda receberem cerca de dez vezes menos crédito do que o agronegócio. Mesmo assim, os movimentos do campo continuam a "planejar" o uso de pequenos créditos junto ao governo federal para seus novos projetos, principalmente nas áreas da agricultura orgânica e agroecologia.

Os movimentos sociais do campo possuem muitas dificuldades no enfrentamento do agronegócio, pois estes últimos contam com o apoio do capital e do governo e, assim, buscaram alternativas de lutas. Dentre essas alternativas, começaram a questionar, com toda razão, o uso de agrotóxicos pelo agronegócio e a defender a agricultura orgânica e a agroecológica.[17] Porém, essas técnicas de agricultura e cultivo têm se tornado, de certo modo, uma das políticas centrais nas lutas de diversos movimentos sociais campesinos.

É inegável que essa questão é fundamental, pois o uso abusivo de agrotóxicos, como é o caso do Brasil, acarreta problemas de saúde para os consumidores e para os trabalhadores do campo, principalmente os trabalhadores do agronegócio, que aplicam os pesticidas. Mas também afeta a toda a população e, por isso, deve-se cobrar uma rigorosa fiscalização dos serviços públicos de saúde, exigindo que as leis que regulam a aplicação dos agrotóxicos sejam cumpridas e tornadas mais severas, visando a minimizar os riscos que esses alimentos possam apresentar.

A produção e a aplicação em larga escala como é feita hoje, além dos malefícios que podem causar a saúde, também servem à concentração e à reprodução do capital que investe no ramo dos agrotóxicos, transformando o alimento em mercadoria. De acordo

---

17 A agricultura orgânica não utiliza os agrotóxicos. A agroecologia é uma concepção mais ampla, para seus formuladores, em que a agricultura em larga escala não seria possível e existiria uma solidariedade entre os produtores.

com os "Cadernos de Formação1-Agrotóxicos", dez empresas, todas multinacionais e estrangeiras, concentram 80% da comercialização de alimentos e sementes no Brasil (s.d., p. 19). Esses "Cadernos" também informam que, de acordo com a Anvisa (Agência Nacional de Vigilância Sanitária), foram vendidas 789.974 toneladas de agrotóxicos em 2009, representando 6,8 bilhões de dólares (s.d, p. 19).

Além do abuso do agrotóxico, temos o transgênico, com grande controle de grupos multinacionais sobre as sementes, apesar da Embrapa, uma empresa pública, também desenvolver a transgenia. No campo da alimentação estamos observando que a reprodução do capital torna-se mais importante do que a reprodução da vida. E grandes empresas investem muito nesse ramo, como no caso da empresa americana Monsanto, que já se uniu à Cargill, maior processadora de alimentos dos EUA, para explorar o mercado latino--americano (MENEZES NETO, 2003). Os pequenos produtores de milho no México estão sendo esmagados pela concorrência desleal dos monopólios americanos, fazendo com que o EZLN, em janeiro de 1994, fizesse sua primeira aparição no dia em que o México assinou o acordo de livre comércio com os EUA (Nafta).

A crítica à produção de sementes deve ser acoplada à denúncia das verdadeiras "fábricas de aves e suínos" e da fabricação de gado em grandes extensões de terras. Ou seja, o alimento, seja o vegetal ou o animal, está monopolizado e transformado em mercadoria. Portanto, necessitamos de outros referenciais de vida e produção, e o questionamento ao alimento do agronegócio significa o questionamento à agricultura capitalista que transforma o próprio alimento em mercadoria. Mas esses novos referenciais devem partir da realidade concreta demarcando, por exemplo, que o agronegócio monopoliza a moderna tecnologia e a usa em seu favor. E o quase monopólio, como foi mostrado acima, está relacionado à produção de "dinheiro e mercadoria" pelo agronegócio, mesmo que à custa de desemprego, danos ao meio ambiente e danos à saúde humana.

Sabe-se que a agricultura sempre foi motivo de inovações e que, na modernidade, o capital apropria a ciência e a tecnologia e as utiliza no processo produtivo. E, como sabemos, usa essa apropriação apenas na formação do lucro, abusando do desenvolvimento destas e ferindo, inclusive, preceitos éticos e da vida em favor da reprodução do capital.

Podemos dizer que neste século tivemos duas grandes revoluções na agricultura, ambas monopolizadas pelo grande capital: a chamada "Revolução Verde", no pós Segunda Guerra Mundial, com o incremento químico e de maquinários na produção, e nos anos 1990, com a manipulação genética, representada pela biotecnologia e pela transgenia. Mas o fato de o desenvolvimento da moderna ciência e tecnologia estar sendo apropriado pelo capital não pode afastar os trabalhadores do campo de lutarem para usufruírem desse desenvolvimento, pois essas novas técnicas podem ajudar o trabalhador a ter uma rotina menos fatigante. Além disso podem ser usadas no aumento da produtividade. A industrialização, aliada à atual informática e ao desenvolvimento no campo da genética, pode ser um importante instrumento para o desenvolvimento da agricultura e do domínio pelo trabalhador de seu processo produtivo e, consequentemente, de sua desalienação. A agricultura orgânica, usando técnicas industriais e eletrônicas, tem sido desenvolvida com relativo sucesso em países europeus e mesmo nos Estados Unidos. Portanto, o mundo do trabalho deve disputar o moderno desenvolvimento científico e tecnológico, usufruindo o que realmente melhora a vida e humaniza o trabalho e descartando o uso indiscriminado e abusivo da ciência e das tecnologias capitalistas que servem apenas para fazer dinheiro à custa do trabalho humano expropriado e do alimento não-saudável. A luta por um novo modelo de desenvolvimento e vida deve estar vinculada, prioritariamente, à luta contra o capital, e não contra o desenvolvimento da moderna ciência e tecnologia, apesar de sabermos que, muitas vezes, o desenvolvimento da ciência e da técnica está diretamente vinculado ao movimento de reprodução do capital.

Os movimentos sociais do campo correm o perigo de aceitarem, na prática, a criação da dualidade dos dois modos de produção agrícola: um "grande", vinculado ao agronegócio e ao capital, e outro pequeno, vinculado à agroecologia. É assim que fazem os últimos governos brasileiros, de FHC a Dilma, com a criação de dois Ministérios, um do agronegócio e um da agricultura familiar. E nesse caso, sabemos o privilégio que o primeiro recebe.

Logo, quando não se disputa a ciência e a tecnologia e seu uso em sua totalidade social, corre-se o risco de aceitar o pragmatismo da pequena produção orgânica ou agroecológica convivendo com a moderna produção capitalista. E, ainda pior, ser apenas um apêndice na agricultura, e não uma alternativa. A agroecologia representa experiências isoladas e, por mais importante que sejam, ainda dão frutos apenas para os grupos que a aplicam, mas não rompe com o modo de produção na sua totalidade, tornando-se apenas "nicho" de mercado. Desse modo, pequenas produções alternativas dificilmente conseguirão mudar a produção agrícola na sua totalidade.

A questão do alimento sadio é fundamental, e os movimentos sociais e sindicais do campo assumiram essa nova luta como seu eixo principal. De acordo com Stédile:

> Nós avançamos muito e digo isso com uma autocrítica porque há seis, dez anos atrás nós não dávamos bola para a agroecologia, achávamos que era coisa de

ambientalista. Quando começamos perceber a gravidade da produção agrícola, as consequências dos agrotóxicos, do monocultivo, é que fizemos uma autocrítica e adotamos a agroecologia.[18]

Nesse contexto, diversos movimentos sociais do campo, entre eles o MST, passam por um dilema, pois enfrentam um adversário muito poderoso, que é o capitalismo do agronegócio, e não recebem o apoio de governos que ajudam a eleger e com o qual não veem condições objetivas de rompimento nesse momento. Assim, encontraram na produção agroecológica os possíveis caminhos alternativos ao agronegócio. Mas esse caminho demanda, também, uma acirrada luta contra o predomínio do capital no campo.

Diante de tamanha dificuldade, a possibilidade de aceitação de pequenas produções agroecológicas, de aceitação de parcos recursos e programas dos governos federais para a agroecologia, pode predominar sobre as discussões da totalidade das contradições do sistema. Os movimentos correm o risco de, em nome do pragmatismo, aceitar o micro.

Porém, como o agronegócio representa o capital no campo, este mundializa-se e consegue o apoio dos governos de países capitalistas. Pois, para esses governos, o agronegócio representa produção em cadeia, começando no campo e terminando nos grandes supermercados ou nas grandes cadeias de alimentos fast-foods. E os governos capitalistas, Brasil incluso, apoiam e acreditam que esse modo de produção representa a injeção de dólares na economia e de alimentos nas mesas e no comércio. Como esse referencial não

---

18 STÉDILE, João Pedro. "Líder do MST diz que melhor solução para o Senado é a extinção". Disponível em: http://noticias.uol.com.br/politica/2009/08/15/ult5773u2074.jhtm. Acesso em: 27/06/2012.

foi alterado durante os governos petistas, o agronegócio puramente capitalista continua sendo a referência de desenvolvimento agrário para o país. Mas no caso específico do Brasil, temos neste novo século um caso peculiar. Governos pertencentes ao Partido dos Trabalhadores, partido que veio dos movimentos populares, que mantém um bom nível de diálogo com esses movimentos e aumentou as políticas sociais em relação ao governo anterior de Fernando Henrique, realiza o modelo de produção, circulação e vida que visa a inflar a reprodução social do capital. Desse modo, esses governos gerenciam o capitalismo brasileiro apoiando o agronegócio, sem deixar de contemplar políticas sociais de porte modesto para o pequeno, seja ele um "agroecológico", um agricultor orgânico, um integrado, ou até mesmo um pequeno que aplica o "agronegocinho". Mesmo porque essas políticas sociais são funcionais ao sistema de reprodução social do capital.

Atualmente, a questão da agroecologia ganha ares centrais nas lutas dos movimentos sociais e sindicais do campo. Mas de onde surgem as atuais propostas agroecológicas? Essa não é uma discussão nova no contexto da agronomia. Pelo lado sociológico, podemos detectar as atuais tendências de defesa da agroecologia em três campos:

1) Na herança das igrejas, principalmente da Igreja Católica: Ferreira (2012)[19] diz que a agroecologia surge como uma nova perspectiva de setores vinculados à Igreja Católica, que abandona as discussões políticas ampliadas e estruturais e passa a defender a "mística ecológica". Perde-se a visão classista e adota-se um apoio

---

19   FERREIRA, Silvana. "Peregrinos da terra prometida: CPT e trajetória político-religiosa (1975-2003)". Disponível em: http://pt.scribd.com/doc/96354881/Cpt. Acesso em: 02/06/2012.

às lutas plurais e culturalistas, passando a defender uma agricultura sustentável fora da totalidade social. Diz Ferreira:

> O modelo da agricultura familiar baseado na agroecologia se adequa mais facilmente ao modelo da cristandade que idealizou as pequenas propriedades e as famílias regularmente constituídas dentro da referência da família cristã, na medida em que incentiva tradições culturais e religiosas. A solidariedade defendida pela Doutrina Social estaria de certa forma garantida se essas famílias se pautassem pelo ideal da pessoa humana tecendo laços com as outras pessoas através de associações cooperativas, mas indo além da forma do contrato e relacionando-se de acordo com os valores cristãos da partilha e da doação[...]. Desta forma indicamos uma afinidade eletiva da agroecologia com o ideal idílico camponês das pequenas comunidades rurais defendido tradicionalmente pela igreja (FERREIRA, 2004, p. 145-146).

Essa visão é corroborada por Selvino Heck, assessor aspecial da Secretaria Geral da Presidência da República nos governos Lula e Dilma, membro da coordenação nacional do Movimento Fé e Política e secretário-executivo da Comissão Nacional de Agroecologia e Produção Orgânica (CNAPO), ao descrever uma caravana de agroecologistas na Zona da Mata mineira, que rumavam para o 3º Encontro Nacional de Agroecologia (ENA). Ele diz que a pergunta principal dos participantes era: "Por que interessa à sociedade apoiar uma estratégia de desenvolvimento rural com base na agroecologia e no fortalecimento da agricultura familiar e dos povos e comunidades tradicionais?". O autor busca apresentar as vantagens, mostrando, inclusive, o envolvimento da Universidade Federal de Viçosa na agroecologia. Mas ao fazer um histórico do movimento diz:

> A organização dos agricultores familiares da Zona da Mata começa a se constituir enquanto movimento a partir da década de 1980 com o Mobon (Movimento Boa Nova), vinculado à Teologia da Libertação e às Comunidades Eclesiais de Base (CEBs) da Igreja Católica. Fundaram-se sindicatos de trabalhadores rurais. Criou-se a Comunidade Alfa, estudantes que desenvolviam práticas alternativas de plantio e alimentação e surge o Centro de Tecnologias Alternativas (CTA-ZM). A partir daí, surgem as primeiras experiências chamadas de "tecnologias alternativas", com o resgate, avaliação e produção de sementes crioulas, práticas de adubação verde e conservação dos solos, experiências que vão adquirindo enfoque agroecológico. Cria-se o movimento Em Defesa da Vida e do Meio Ambiente na década de 1990, com forte inserção da saúde como temática do trabalho sindical, experiências com medicina alternativa e homeopatia, principalmente no município de Espera Feliz. Também a criação das Escolas Família Agrícola (EFAs) é um marco na educação do campo na Zona da Mata, ampliado na região com a Associação das Escolas Famílias Agrícola (Amefa).[20]

---

20   HECK, Selvino. "Agroecologia, a espera feliz". Disponível em: http://site.adital.com.br/site/noticia.php?lang=PT&cod=75589. Acesso em: 15/06/2014.

2) Na Contracultura: os estudos da agronomia ecológica são antigos, mas ganharam força a partir da introdução da chamada "Revolução Verde" no período pós-Segunda Guerra Mundial. Nos anos 1960 e 1970, ganharam força com os chamados movimentos de contracultura. Esses movimentos, do qual o movimento hippie se destaca, defendiam uma vida mais vinculada à natureza e questionavam a sociedade industrial. Eram adeptos da ecologia e de uma vida mais próxima à terra. Tinham menos preocupações sociais e procuravam viver em grupos alternativos. Surgiram principalmente no Oeste dos EUA, mais especificamente na Califórnia e em países do Oeste europeu, como França, Inglaterra e Alemanha. Nos anos 1990 chegaram a constituir Partidos Verdes, mas sem a filosofia inicial da contracultura. No Brasil, essas propostas começaram a ser conhecidas em meados dos anos 1980 com o nome de "Tecnologias Alternativas". Ainda atraem, no novo século, muitos jovens que não se pretendem "enquadrados" no sistema.

3) Na contraposição ao agronegócio: para o MST, a agroecologia representa um outro processo de produção e de formação humana e socialista, pois a técnica e a ciência desse modo social de produção oferecem alternativas às agriculturas convencionais e capitalistas (MST, 2006). O MST apresenta a agroecologia e a produção orgânica como o contraponto ao modo de produção capitalista e, portanto, na perspectiva anti-capitalista. Seria também a "ciência do camponês".

Portanto, apesar de sua importância, a agroecologia deve começar a ser implementada, mas ainda não pode ser apresentada como a única solução para a problemática do campo.

Sistema dual ou contraditório?

A agricultura orgânica e o agronegócio podem conviver concomitantemente no sistema do capital. Há mais de 500 anos que a história do Brasil tem a marca da convivência entre a grande produção destinada à exportação, como no caso da madeira, cana, minerais, café e atualmente o agronegócio e a pequena produção para consumo interno. A pequena produção, por um lado, e o grande agronegócio, por outro, como parece ser a proposta dos governos petistas, podem conviver sem grandes conflitos, inclusive de forma funcional, como a história do Brasil nos mostra. Mas essa convivência paralela é muito desigual e, permanecendo assim, ou continua-se com o êxodo rural que os Censos demonstram, ou a agroecologia encontra, e se satisfaz, em ser um "nicho" no mercado, com agricultores pobres, apoiados por assessores, produzindo para quem pode pagar mais caro por esses alimentos.

A produção orgânica pode conviver com a reprodução do capital se for de interesse das grandes empresas. Para exemplificar, produtos orgânicos começam a chegar às redes de grandes supermercados pelas mãos do MST. É o que mostra, por exemplo, o contrato de vendas de arroz orgânico, produzido nos assentamentos do MST para os supermercados Pão de Açúcar e intermediado pelo governo federal, realizado na Rio +20 e divulgado no site do MST:[21]

> O grupo Pão de Açúcar, principal rede varejista do Brasil, anunciou na tarde desta terça-feira, 19, a compra de 15 toneladas de arroz orgânico produzido pela

---

21 "Cooperativas do MST vendem 15 toneladas de arroz orgânico para Pão de Açúcar". MST. Disponível em: http://www.mst.org.br/content/cooperativas-do-mst-vendem-15-toneladas-de-arroz-organico-para-pao-de-acucar. Acesso: em 25/06/2012.

Cooperativa de Produção Agropecuária Nova Santa Rita, ligada ao Movimento dos Trabalhadores Rurais Sem Terra. A transação foi divulgada durante o debate "Segurança e Soberania Alimentar", evento que faz parte das atividades da Cúpula dos Povos, da Conferência das Nações Unidas para o Desenvolvimento Sustentável, a Rio+20. A venda foi apresentada como a maior transação comercial do movimento de camponeses com um mercado feita com o apoio do programa Brasil Sem Miséria, que intermediou a negociação.

Do mesmo modo, um artigo retirado da página do MST na internet, mostra como o cacau produzido de forma orgânica está tendo bons resultados, principalmente depois que a doença chamada de "vassoura de bruxa" exterminou muitas plantações que os agrotóxicos não conseguiram conter. Porém, o mesmo artigo diz que as grandes empresas estão interessadas nesse tipo de produção, demonstrando que não é a tecnologia que seria decisiva na disputa política:

> Esta tendência está sendo ativamente apoiada por multinacionais como Mondelez International, Barry Callebaut e Unilever, que perceberam que suas fortunas futuras dependem de uma rede flexível e rentável de suprimentos com base em pequenos agricultores. A automação reduz a pressão para despovoar áreas rurais a fim de fornecer trabalhadores de linha de montagem, enquanto a pressão sobre os recursos é tornar a produção de alimentos mais rentável. Pequenos produtores eficientes de óleo de palma (azeite de dendê), café e

alimentos de subsistência como milho, feijão e cereais são competitivos com operações industriais e benéficos para com o meio ambiente.[22]

Por outro lado, o grupo KRRS (Karnataka Rajya Ryota Sangha) uma associação de lavradores indianos filiados à via campesina, faz forte oposição às sementes transgênicas, obtendo reconhecimento internacional. Porém, essa organização é administrada por ricos e médios agricultores que exploram a força de trabalho dos agricultores indianos (BERNSTEIN, 2011).

Saliente-se que a produção agroecológica se apresenta com princípios diferentes da produção orgânica, pois diz que se insere numa perspectiva "ecológica, política e holística" (*PLANTANDO O AMANHÃ*, 2012), apresentando a solidariedade e a não exploração do trabalho alheio como um de seus princípios. Apresenta-se, algumas vezes, como um modo científico e "místico" de produção. Porém, pode não aprofundar e radicalizar a opção e a contradição política contra-hegemônica ao capital se não se apresentar dentro da totalidade da crítica ao capital e aos governos que gerenciam o mesmo capital. De outro modo, apresentar-se-á, muitas vezes, como "idealista", pois o fim da exploração do trabalho humano não pode acontecer nos marcos da sociedade do capital e, assim, corre o risco de ficar apenas na denúncia ao agronegócio como o modo de produção capitalista e na aceitação concreta de pequenas experiências agroecológicas.

E a questão das ações diretas é problematizada socialmente. O MST é fruto de suas ações diretas dentro do capitalismo e necessita

---

22 "Agroecologia no cultivo de cacau ajuda a produção e o meio ambiente". MST. Disponível em: http://www.mst.org.br/node/15951. Acesso em: 14/04/2014.

produzir e escoar sua produção. Porém, no capitalismo, esses caminhos levam para acordos com o mundo privado, o mundo do capital. E aí se encontra um verdadeiro nó das ações diretas, pois os movimentos sociais e sindicais do campo não podem aceitar essa "divisão social da agricultura".

A luta deve ser mais ampla, pois, de outro modo, existirá o perigo de que os movimentos se contentem com a produção de "agriculturas alternativas", que possam garantir o sustento de algumas famílias de agricultores, mas não apresentarão alternativas ao sistema de reprodução do capital.

Conclusões Parciais

O MST tornou-se um dos mais importantes e fundamentais movimentos sociais no período pós-ditadura civil/militar. Desde o seu nascimento usou as ações diretas nas suas conquistas, em contraposição ao sindicalismo, que buscava negociar suas demandas com governos. Sua primeira década foi de afirmação e construção, apesar de já demonstrar suas novidades, como as já citadas ações diretas e a criação de um setor de educação.

O auge das ações do MST aconteceu no período de governo de Fernando Henrique. Foi na segunda metade dos anos 1990 que o MST tornou-se uma referência para as esquerdas brasileiras e internacionais. Continuou com suas ações diretas e, nesse momento, não só nas ocupações de terras, mas até em escolas. Ocupar e produzir, diziam. As longas marchas que empreendiam descontentavam o poder dominante e a grande imprensa. O MST era constantemente citado e combatido nas grandes redes de TV e jornais. Com isso voltaram a colocar a questão da reforma agrária em pauta novamente, pois boa parte da esquerda já analisava que a reforma agrária não mais seria necessária, pois a questão de produção dos alimentos já estava resolvida pela grande produção. Foi, digamos, o período heroico do MST.

Em um segundo momento, em que este trabalho busca focalizar, o MST passa por uma nova transformação. E esse é o momento mais problemático para o MST, que já começava a enfrentar problemas de organização e ocupação de terras desde o início dos anos 2000. A eleição de Lula, um presidente que vinha dos movimentos populares e foi muito apoiado por todos eles, acendeu uma esperança de que o MST, especificamente, poderia ser, novamente, forte protagonista na história. Porém, isso não aconteceu. Lula, e posteriormente Dilma, em sintonia com a "Carta aos Brasileiros", no qual se comprometiam a "honrar" os compromissos financeiros de duvidosas dívidas financeiras, fizeram governos conservadores que não se propuseram, em nenhum momento, a qualquer tipo de rompimento ou mesmo de conflito com o capital.

No campo popular, esses governos instituíram políticas focalizadas, como as bolsas e cotas. Continuaram a priorizar o agronegócio, e a reforma agrária continuou relegada. Como no governo de Fernando Henrique, os governos Lula e Dilma não acreditam em qualquer projeto de reforma agrária, que é visto apenas como "política social". E, como política social, as bolsas se tornaram mais baratas para os governos. Além do mais, um aquecimento na construção civil fez com que boa base do MST deixasse de ocupar terras para trabalharem nesse setor urbano.

Com o pouco avanço das lutas populares, o MST necessitou gerir suas conquistas nas ações diretas. Necessitava gerir cooperativas, assentamentos e escolas que haviam conquistado. E, assim, precisou se aproximar dos governos petistas em busca de créditos e de outras formas de sobrevivência. Nesse ponto, as ações diretas mostraram seus limites.

E o MST também mudou seus objetivos de luta. Os alimentos "saudáveis" advindos da agroecologia passaram a ser uma forma de sobrevivência de alguns assentados. Como o agronegócio representa a penetração do capitalismo no campo, mais preocupado em produzir dinheiro do que alimentos, o MST buscou nessa contraposição o seu novo centro de embate político. Com isso, abandonou a disputa da ciência moderna e tecnologia por um novo modo de produção, que procura modernizar, com uma ciência própria, os tradicionais modos de produção. Recebem um pequeno apoio do governo federal, mas são obrigados a se inserir no mercado. As ações diretas mostram seus limites, pois o movimento se viu obrigado a se aproximar dos governos e, com isso, em certo ponto, se institucionalizar.

CAPÍTULO 3

Zapatismo: rebeldia e autonomia

O EZLN: Ações Diretas e Autonomia

"Perguntando, caminhamos; caminhamos a passos mais lentos, porque vamos mais longe, e mandamos, obedecendo"

Lemas zapatistas

O Exército Zapatista de Libertação Nacional (EZLN) é um movimento político mexicano que tem a sua base no estado sulista de Chiapas. Esse estado abriga o movimento revolucionário por ser um dos estados mais pobres do México, que teve sua população camponesa e indígena expulsa de suas terras para dar lugar aos madeireiros, à extração de petróleo, à criação de gado, a hidrelétricas etc.

Foi formado na primeira metade dos anos 1980, sob a denominação de FLN (Força de Libertação Nacional), e teve entre seus primeiros adeptos alguns indivíduos oriundos do movimento estudantil e camponeses, majoritariamente de origem indígena, que começam a travar contatos com as comunidades locais. Essas comunidades já adotavam a produção através da propriedade coletiva da terra, chamada ejido, e tomavam decisões em assembleias comunitárias. Essas ações dos nativos influenciarão a ideologia da FLN, que começará a elaborar seus novos conceitos e mudará o nome para Exército Zapatista de Libertação Nacional, em homenagem ao líder camponês mexicano do início do século passado Emiliano Zapata.

As ações do EZLN proporcionaram uma maior aproximação das comunidades camponesas. E, importante, acontece uma grande aproximação entre os indígenas camponeses e o EZLN, com os indígenas lutando na guerrilha e os guerrilheiros passando a atuar nas comunidades, criando escolas, cultivando, incentivando o lazer etc. Essa união torna-se a grande força do EZLN.

Em 1992, o governo do México, que já adotava políticas neoliberais, decide tornar-se membro do Nafta, um acordo de livre comércio entre os EUA, o Canadá e o México. Para tanto, retiram da Constituição uma lei que impedia a venda de terras dos Ejidos. Esse fato leva grande revolta aos indígenas camponeses, tornando-se o início de um levante armado na região de Chiapas, em 1994. Pretendiam, com o motim, mostrar a situação dos indígenas e dos camponeses e abrir um canal de diálogo na sociedade mexicana. Recebem apoio total das comunidades locais quando acontece um verdadeiro levante armado na região. Antunes (2011, p. 42) lembra que:

> Não foi por outro motivo que, de maneira simbólica, em 1 de janeiro de 1994 - data em que foi inaugurado o Nafta-, eclodiu a rebelião zapatista, recusando formalmente esse caminho de "integração" destrutiva para os trabalhadores mexicanos. O movimento teve enorme significado para a resistência e a luta dos povos

da América Latina contra a mundialização dos capitais e sua lógica destrutiva.

E Antunes (2001, p. 53) continua:

> O levante de Chiapas [...] serviu não apenas para apresentar o Exército Zapatista de Libertação Nacional (EZLN) ao mundo, mas significou uma reentrada espetacular na cena política dos povos e das "comunidades" indígenas do continente.

Restabelecem as decisões comunitárias, o plantio coletivo e constituem-se em um exército armado. Instituem os municípios autônomos com elos muito fortes entre eles. Em 1996, o governo mexicano firma um acordo no qual diz respeitar as decisões comunitárias (Acordo de San Andrés) e a autodeterminação dos povos indígenas. Porém, a recusa do governo mexicano em tornar esses atos constitucionais, rompe as negociações.

No novo século, o EZLN continua com a sua política de autonomia em relação à política institucional e, inclusive, demarcam essa diferença organizando novas marchas pregando a "Outra Campanha". Defendem a anulação do voto eleitoral, que por sua importância, será debatido mais adiante.

O ano de 2005 marca a Sexta Declaração da Selva Lacandona,[1] na qual o EZLN proclama-se um movimento político, e não mais um exército. Nesse sentido, organiza diversas reuniões com partidos de esquerda, organizações sociais e políticas indígenas e camponesas, além de diversas organizações populares urbanas. Nestes debates, reorganiza a chamada "Outra Campanha". Uma frase da Sexta

---

1 Ver a sexta Declaração no site: http://enlacezapatista.ezln.org.mx/sdsl-pt/.

Declaração é sintomática da expansão política que o Zapatismo pretende: "Um novo passo adiante nas lutas indígenas só é possível se os indígenas se unificam aos operários, camponeses, estudantes, professores, empregados... ou seja, os trabalhadores da cidade e do campo". Junto a isso, que "vamos construindo, junto com esta gente que é como nós, humilde e simples, um programa nacional de luta, mas um programa que seja claramente de esquerda, ou seja, anticapitalista, antineoliberal, ou seja, pela justiça, democracia e a liberdade para o povo mexicano".[2]

Portanto, o EZLN, tal e qual o MST, expande-se em um momento de crescimento do neoliberalismo e propõe-se a defender a cultura e a forma de decisão política e produtiva das comunidades locais camponesas e indígenas.

Zapatismo: pesquisa de campo

No primeiro semestre de 2011 estive no México, no estado de Chiapas, com o intuito de pesquisar as lutas zapatistas. Retornei para uma nova pesquisa de campo na cidade do México em junho de 2014. Podemos afirmar que o Zapatismo é um dos fenômenos mais complexos dentro dos recortes das lutas socialistas empreendidas na nossa América Latina.

O Zapatismo, tendo à frente o Exército Zapatista de Libertação Nacional (EZLN), apareceu no cenário mexicano e internacional, como já dito, em primeiro de janeiro de 1994, dia em que o tratado de Livre Comércio com os Estados Unidos e o Canadá (Nafta) entrou em vigor. Nesse dia, tomaram, em ação armada, a cidade histórica de San Cristóbal de Las Casas, no sstado de Chiapas. O governo mexicano reagiu e enviou o exército, o que gerou um pequeno conflito bélico. Diante do impasse, o EZLN e o governo mexicano,

---

2   Ver a sexta Declaração no site: http://enlacezapatista.ezln.org.mx/sdsl-pt/.

o "Mau Governo" nos dizeres zapatistas, fizeram um acordo de "cessar fogo", com a mediação fundamental de D. Samuel Ruiz, então bispo de San Cristóbal.

Apesar dos descumprimentos dos cordos por parte do "Mau Governo" os zapatistas puderam atuar, legalmente, na política mexicana, desde que desarmados. Sob a liderança do subcomandante Marcos, líder político, intelectual e militar do Zapatismo, eles conseguiram diversas vitórias políticas para os camponeses, índios e mestiços mexicanos, principalmente no estado de Chiapas.

Os zapatistas não participam da política institucional, preferindo realizar o que chamam de "Outra Campanha", política instituída em 2005. Entre os anos de 2008 e 2011, Marcos e outros líderes zapatistas percorreram o México, realizando contatos com movimentos, grupos e partidos que também pretendem, na avaliação do EZLN, construir um novo e socialista México, fora da institucionalidade burguesa.

Inicialmente, o EZLN era um grupo guerrilheiro, de orientação marxista. Em Chiapas, recebe o apoio de índios e mestiços camponeses que estavam ameaçados, pelo tratado do Nafta, de perder o seu ejido, forma de plantação em comum desenvolvida pelos índios. Assim, houve um encontro entre os anseios de empobrecidos índios e entre os revolucionários marxistas, criando um tipo de socialismo indígena do século XXI.

Hoje possuem municípios autônomos em Chiapas, os chamados caracóis. Deve-se esclarecer que os zapatistas não pretendem, ou não pretendiam, se "fechar" nesses municípios, mas sim construir um novo México e outro mundo. Assim, a influência e a simpatia pelas políticas zapatistas estenderam-se, principalmente até 2006, por todo o México, seja nas lutas pelos direitos dos trabalhadores ou na construção de uma "nova esquerda". E este ponto é central neste trabalho, pois os zapatistas, tal e qual o MST, praticam ações diretas, conquistando municípios e, dentro deles, plantando alimentos orgânicos, mantendo escolas e hospitais. E apresentando muitos problemas na administração de suas conquistas territoriais e na expansão de suas políticas.

Encontrei muitas dificuldades para adentrar nos centros dos municípios autônomos zapatistas, pois estes viviam um momento de fechamento político e, assim, tive de conhecer uma realidade de pessoas mascaradas, no caracol Oventic, e que praticamente se recusavam a conversar. Conheci dois caracóis.

O primeiro, o citado Oventic, situa-se mais próximo de San Cristóbal, na beira da estrada de asfalto. Antes de chegar, uma placa na estrada já dizia "que ali mandava o povo e que o governo obedecia". Chegando, encontrei um local parecido com um assentamento do MST, porém bastante cercado e com muita segurança. Tive que me identificar, inclusive mostrando meu passaporte brasileiro. Deixaram-me adentrar, porém trocaram pouquíssimas palavras. Todas as pessoas estavam mascaradas, e uma mulher, com lenço no rosto, acompanhou-me durante toda a minha visita. Conheci casas muito simples, porém com belos desenhos em forma de painéis, assim como conheci a escola, o hospital, a venda, a cooperativa de café e de artesanato. Todos mantidos por eles, já que recusam recursos do "Mau Governo", ou seja, os governos institucionais. Assim, são completamente autônomos em relação ao governo de Chiapas ou ao governo central mexicano.

No segundo caracol, de nome Morelia, tive muitas dificuldades de chegar ao local. Usei vans lotadas como meio de transporte, que caminhavam em estradas cheias de curvas, caminhonetes velhas, de pneus gastos e cheios de índios e mestiços na carroceria, numa enorme falta de segurança. Além de tudo, o exército mexicano estava vigilante nas estradas. Caminhei por estradas de terra, rodeadas de montanhas, onde possivelmente estavam os membros do EZLN. No segundo caracol, bem mais rústico e rural, encontrei a mesma segurança para adentrar. Porém, pude conversar com a Junta de "Bom Governo" e conhecer mais um município autônomo, que planta apenas de forma orgânica.

Foi uma vivência política inesquecível. Apesar de toda a segurança imposta, senti que essa segurança era necessária no contexto atual mexicano, pois tanto o exército como os paramilitares atuam na região no combate ao Zapatismo. Porém, torna-se claro que este fechamento faz com que os zapatistas corram o risco de "se fechar em seus caracóis", ou no máximo no estado de Chiapas, sem conseguirem levar sua ousada proposta de "mudar o mundo".

Os zapatistas ainda são um dos maiores movimentos revolucionários da esquerda mexicana e latino-americana. Assim, é importante apresentar, muito sucintamente, um quadro da esquerda mexicana. Esclareça-se que a política é dinâmica e, consequentemente, não é necessário dizer que as posições das esquerdas são eivadas de táticas, conjunturas e estratégias diferentes. O México vive uma realidade política em que duas esquerdas, incomunicáveis, coexistem. Uma é a esquerda institucional, que atua com objetivos eleitorais e poderia ser enquadrada como uma social-democracia tardia, moderada e liberal, porém com maiores preocupações sociais. Tem à frente o PRD e sua principal liderança é Lopez Obrador, que nas eleições de 2006 para presidente no México perdeu para Calderón por uma diferença de menos de 0,5% dos votos. Representa a esquerda moderada e oficial, próxima das esquerdas que assumiram governos latino-americanos, como o caso brasileiro do PT. Apesar de sua moderação, foi apoiado, em 2006, por toda a esquerda institucional mexicana, que viam no PDR uma possibilidade de derrotar o PRI ou o PAN e, assim, apenas os zapatistas votaram nulo. No ano de 2014, a esquerda organiza um outro partido, o Morena, para substituir o PDR, que perdeu suas características iniciais de esquerda. Também existem os pequenos partidos socialistas e comunistas, como o Partido Comunista do México, que se colocam à esquerda do PDR.

A outra esquerda, não institucional e socialista, não participa de eleições e nem apoia candidatos. Tem no autonomismo zapatista uma forte referência e é apoiada pelo Congresso Nacional Indígena (CNI), que representa a ala esquerda do indigenismo mexicano e por jovens desvinculados de partidos, como os anarco-zapatistas, apesar de o Zapatismo não ser anarquista. Possuem simpatizantes não organizados em todo o México, mas com pouca atuação orgânica. Recusam-se a aceitar as diversas "bolsas para os pobres" que são distribuídas no México, tal e qual no Brasil. Atuam em torno da "Outra Campanha", proposta pelos zapatistas. Sua principal debilidade seria a dificuldade do Zapatismo de sair das fronteiras de Chiapas.

A Cidade do México e o Zapatismo: impressões

Um dos grandes debates em relação ao movimento zapatista refere-se a sua área de atuação. Pois o Zapatismo, apesar de possuir inúmeros simpatizantes por todo o México e – por que não – em todo o mundo, tem sua área de atuação hoje circunscrita ao estado de Chiapas. No ano de 1997, por exemplo, 1.111 membros do EZLN marcharam até a Praça Zócalo, na cidade do México, onde foram recebidos por cerca de 100 mil apoiadores.[3] Hoje, conforme depoimentos conseguem levar um máximo de 5.000 simpatizantes.

---

3   Os dados variam entre 50 a 100 mil apoiadores.

Assim pode-se indagar se o Zapatismo possui alguma influência na Cidade do México. A grande metrópole latino-americana – como tantas outras, de história riquíssima, de revoluções e de rebeldias – é uma cidade construída onde era a capital asteca que os espanhóis conquistaram com muito sangue e luta. Mas que, mesmo depois de conquistada, outras histórias de lutas vieram. A luta pela independência e a conhecida Revolução Mexicana, que durou de 1910 a 1920, são duas das principais marcas das lutas do povo mexicano.

Porém, a rebeldia parece engolida pela globalização. Muitos automóveis novos tomam conta das ruas e das pessoas. O consumo capitalista é constante nessa cidade. Regiões ricas, de comércio luxuoso, como Polanco e Rosa, contrastam com as periferias pobres. Ônibus e metrôs lotados são a alternativa de quem não possui os novos automóveis que poluem e engarrafam cidades. Nas periferias, a cidade torna-se realmente globalizada pelo capital. As contradições tornam-se latentes. Casebres subindo morros aparecem em cena. E não são esparsas. Caminha-se longo tempo nas estradas rodeado de favelas. É o capital globalizando também a pobreza.

Por outro lado, luxuosos e enormes prédios de vidro começam a tomar o lugar dos prédios baixos que ainda caracterizavam a cidade do México. Largas avenidas, parques e belos monumentos, como o Arco dos Heróis e o Anjo Dourado junto aos modernos shoppings dão o ar da modernidade de que a cidade necessita. Parece que seus velhos heróis, como Zapata e Pancho Villa fazem parte do passado desta cidade. Os dois heróis são pouquíssimos visíveis na cidade.

O que sobrou da cultura indígena parece confinada ao rosto dos mexicanos, que não deixam negar a sua origem, e aos muitos museus de antropologia, pré-hispânicos e de história. As feiras de artesanato vendem produtos indígenas aos turistas. O centro histórico, com a enorme, bela e não tão bem cuidada Praça Zócalo, abriga o Palácio Nacional, onde o presidente da República faz despachos protocolares e também a maior catedral católica da América Latina. Se as igrejas guardam a religiosidade e a riqueza do período colonial, o Palácio conta a história política do México. Ou melhor, do poder no México. Quando visitei, em maio de 2011, o Palácio estava aberto e mostrava, em exposição, a história do país. Novamente senti falta dos dois protagonistas populares da Revolução Mexicana. Se Juarez Benitez, Porfírio Diaz, Carranza, Obregón, dentre outros nomes importantes na história mexicana ganham espaço, Villa e, principalmente, Zapata, possuem um espaço não condizente com a importância desses revolucionários.

No Palácio, os heróis da esquerda e dos resistentes astecas estão presentes nos enormes murais de Diego Rivera, que adornam o Palácio, e que sobressaem desenhos de greves, revoluções e lutas. Ali, o povo está presente, desde as lutas dos povos astecas e maias contra os espanhóis até as greves operárias. Sobressai, inclusive, Marx chamando o povo à luta, tendo a bandeira vermelha com a foice e o martelo ao fundo. E Frida Khalo no meio de camponeses. Porém, uma vez vistos os murais, começam os enormes quadros de presidentes, inclusive do nefasto Huerta, do período revolucionário, e dos atuais e neoliberais presidentes das últimas décadas do século passado e do século atual. O prédio, absolutamente grandioso e luxuoso deixa ver, pelas frestas das janelas, a grande praça tomada pelo povo.

A Praça Zócalo abriga diversas manifestações populares, de professores, eletricistas, camelôs e outros trabalhadores. Cobertas de lona e barracas de camping, abrigam os trabalhadores que protestam nas ruas. Misturados aos manifestantes, alguns vendedores e camelôs.

No entrono da praça, em frente à catedral e adentrando ruas também históricas, índios, índios vestidos de índios, hippies e simples camelôs faziam muitas ofertas. Novamente, a cultura indígena parece confinada ao trabalho de camelô. É interessante observar que as vendas de artesanato são feitas para os turistas, já que o povo da cidade do México, em sua grande maioria mestiça, não usa roupas típicas dos indígenas. São globalizados e preferem as grandes marcas, mesmo falsificadas, das multinacionais.

A praça possui três lados de construções. No quarto lado, aberto, adentra-se nas ruas centrais do centro histórico. Um estranho comércio, centrado em vendas de joias e de ouro, além das casas de câmbio, predomina. O centro antigo está longe de abrigar uma população elitizada. Basta ver os rostos mestiços e populares que predominam nessa região. Diferente dos bairros elitizados, onde mestiços e brancos bem tratados pela vida frequentam.

Ao sul da cidade, encontra-se a região de Coyacán. Uma região agradável, com muitos restaurantes e artistas. Abriga também a casa onde Frida e Diego Rivera moraram e a casa onde o revolucionário russo Trotsky cumpriu o seu exílio, ambos transformados em museu. Mais dois pontinhos de esquerda nessa globalizada cidade. Na casa de Frida, dois quadros, do ponto de vista político, chamam a atenção. Um, em que o seu autorretrato tem a figura de Karl Marx atrás. E outro de 1954, surpreendente para quem cultivava amizade com Trotsky, mostra outro de seus autorretratos, porém com o rosto de Stálin sobressaindo no quadro. Já a casa de Trotsky nos incita a pensar a própria vida humana. Um grande, e polêmico, é verdade, personagem da história mundial, um dos principais líderes de uma revolução que pretendia mudar o mundo, superando o capitalismo e construindo uma sociedade comunista, termina os seus dias numa casa de muros altos, onde até as janelas eram emparedadas, num país distante, numa casa muito simples. Apesar de Trotsky ter escrito muito nesse período, viveu um exílio que fica mais próximo de uma prisão domiciliar.

Do atual movimento zapatista, nada se observa na Cidade do México.

San Cristóbal de Las Casas e o Zapatismo

San Cristóbal, no alto do estado de Chiapas, é uma bela cidade colonial de cerca de 300 mil habitantes, que data do início da colonização espanhola. No centro histórico, suas construções abrigam muitos restaurantes e cafés, dando um sofisticado ar turístico à cidade. Aliás, muitos turistas estão presentes em San Cristóbal, principalmente europeus. Assim, mestiços e indígenas se misturam aos brancos e loiros turistas.

Mas enquanto os turistas desfrutam da agradável cidade, índias pobres carregando bebês nos panos amarrados ao ventre oferecem, intensamente, produtos, principalmente xales e pulseiras, para os visitantes. É marcante o número de crianças indígenas, principalmente do sexo feminino, vendendo artesanatos, mas também balas e outros produtos comestíveis nas ruas. A pobreza indígena está em toda parte. Dessa forma, o que se vê é uma cidade com muitas diferenças culturais e sociais no seu centro histórico. E essas diferenças estão bastante demarcadas: de um lado, o turismo sofisticado e, de outros, índios pobres vendendo produtos diversos aos turistas.

Assim, o problema do indigenismo local não se situa apenas nas diferenças culturais, como desejam os pós-modernos, mas principalmente na tragédia das desigualdades sociais, econômicas e, no caso de Chiapas, também étnicas. Os índios com roupas coloridas ou não tantas, pois as cores das roupas demarcam as diferentes etnias, estão em uma escala social bem baixa. As roupas com cores diferentes foram uma imposição dos europeus e hoje é parte das culturas indígenas.

É comum ver, tarde da noite, os indígenas vendendo artesanato nas praças iluminando seus produtos com lanternas. E é na praça que abriga a catedral que aparecem diversos artesanatos de bonecos zapatistas. O centro histórico, aparentemente, está mais para o turismo do que para o Zapatismo, mais para a sofisticação do que para a rebeldia. O EZLN praticamente não possui visibilidade. Nos meios de comunicação, nem os jornais escritos nem a TV noticiam algo sobre o Zapatismo. Na cidade raramente vê-se algo que lembre a luta zapatista, pois os indígenas estão mais preocupados em vender suas mercadorias e garantir sua sobrevivência.

Assim, encontrar bonecos de pano sendo vendidos na praça principal foi o primeiro contato com o Zapatismo. Esses bonecos eram oferecidos por crianças e adultos que, se notavam que o turista demonstrava interesse, iam atrás oferecendo bonecos do "Comandante Marcos". Alguns também ofereciam bonecas zapatistas e diziam ser Ramona, outra liderança zapatista.

Também existe um espaço cultural, frequentado pela esquerda, denominado Tierra Adentro, em que um belo restaurante redondo é rodeado por lojinhas que, vendem produtos fabricados nas comunidades zapatistas. Botas e sandálias de couro, cartazes lembrando que "outro mundo é possível", roupas de artesanato, bolsas, chaveiros e bonecos zapatistas, livros e DVDs são os produtos comercializados. Também existe um escritório da Via Campesina no local.

Em San Cristóbal encontra-se o "Enlace Civil", organização que faz contatos entre estrangeiros e os caracóis zapatistas. Essa organização, que funciona na periferia de San Cristóban de Las Casas, recebe estrangeiros que desejam manter contatos de solidariedade com o movimento. Recebem pessoas ou grupos de estrangeiros e os encaminha para os caracóis quando acham importante. Também cuidam das doações que vem de fora do México. Disseram-me que teria de ir a algum caracol levando uma carta de apresentação e os zapatistas analisariam se seria possível me receber. Esse foi o primeiro caminho para iniciar as visitas às comunidades.

San Cristóbal possui um grande mercado. O mercado já demarca o início da periferia da cidade. Esse grande e popular mercado já não lembra em nada os ares sofisticados do centro histórico. Se em muitas partes são parecidos com os diversos mercados populares, em outros já é possível observar os indígenas vendendo produtos alimentícios que ficam no chão ou em pequenos caixotes improvisados como galpões. Pequenas quantidades de frutas ou legumes são cuidadosamente colocadas em forma de pirâmides, quase sempre vendidas por mulheres tipicamente vestidas com suas roupas indígenas. Novamente a pobreza de San Cristóbal e Chiapas aparece nesses espaços, onde indígenas disputam pequenos espaços para venderem algo e mitigarem sua miséria.

A região do mercado é cercada por um comércio popular. Barracas na rua vendem de tudo. DVDs pirateados, alguns sobre o movimento zapatista, roupas, alimentos, produtos chineses ou alimentos típicos do México são encontrados nesse espaço informal. Um trânsito enorme de carros, Kombis, táxis e pequenos ônibus transformam essa parte da cidade numa zona absolutamente caótica. Esse comércio, já bastante diferente do centro histórico, começa a mostrar outra Chiapas que mereceria a luta "por outro mundo", tão caro aos zapatistas. Porém, também ali a presença zapatista não é notada a não ser nas vendas dos produtos pirateados. Esse mercado, conforme entrevista com um professor da Universidade

Pedagógica Nacional,[4] era um espaço em que os indígenas vendiam seus produtos. Com o tempo, passou a ser controlado por um grupo que se tornou uma elite indígena. A partir do mercado, fora do centro histórico, aparece a outra San Cristóbal. As belas construções cedem espaço a uma periferia muito comum nas cidades capitalistas. Afinal de contas, a principal função das cidades e do campo, sob a ótica do capital, é a sua reprodução capitalista. E, como é largamente conhecido, o capitalismo concentra riquezas e gera pobreza e exploração. Assim, San Cristóbal apenas reproduz as cidades capitalistas. Ou seja, apresenta uma região privilegiada e é rodeada por pessoas pobres, quase sempre de origem indígena, que moram em condições precárias, trabalham de forma informal e precária, são explorados e vivem na pobreza. E a grande maioria são indígenas que mantêm muitas de suas tradições, mas que foram "tragados" pelo sistema e migraram para as cidades, pois no campo não encontravam mais condições de sobrevivência, e se submetem às mais precárias condições de vida e trabalho. Com certeza, esta parte da cidade começa a parecer mais com a luta zapatista do que a parte turística.

Mas mesmo nesses espaços de periferia, de exploração e pobreza dos indígenas, o "outro mundo" proposto pelos zapatistas é invisível. É visível apenas nas análises e lutas do EZLN, quando denunciam essas mazelas do capitalismo. Mas no dia a dia não se encontra, objetivamente, o "espírito" de luta e rebeldia. Os indígenas estão mais interessados, ao que tudo indica, em ganhar a sua vida. Afinal, necessitam se alimentar, cuidar da família, possuir sua habitação e inserir-se minimamente no mundo do consumo. Potencialmente podem aderir ao Zapatismo, mas também podem ser cooptados pelos paramilitares

---

4 Entrevista realizada com o professor dr. Edgar, peruano radicado em San Cristóbal. A Universidade Pedagógica Nacional oferece cursos de Licenciatura Indígena.

para invadir áreas zapatistas. Os rumos dessa história ainda têm muitos caminhos a serem perseguidos.

De acordo com o professor Edgard,[5] até os anos 1990, os índios eram considerados "seres inferiores", que deveriam ser erradicados pela modernização. Disse que o racismo contra os índios era muito forte na cidade e que ainda não foi erradicado. Até os anos 1990, os índios podiam ser maltratados, e o racismo era e é realizado pelos descendentes de espanhóis, que são donos do poder e de terras. Aliás, ressalte-se, Chiapas não conheceu reforma agrária, nem no período da Revolução Mexicana. Disse o professor entrevistado que até os anos 1990, San Cristóbal possuía cerca de 80 mil habitantes, e o "boom" populacional foi decorrente da enorme migração que houve do campo para a cidade.

De acordo com ele, os índios perderam as terras em decorrência do tratado de livre comércio com os Estados Unidos, o Nafta. Isso porque a principal cultura plantada pelos indígenas era o milho, que era suficiente para a região. Com o tratado, o milho americano entrou no mercado com preços menores, gerando uma forte crise agrícola para os indígenas e a consequente migração para a cidade. Ao mesmo tempo, houve um corte no subsídio para os agricultores.

Esse "inchaço" de San Cristóbal trouxe muitos problemas ecológicos graves. As áreas no entorno, que eram úmidas e abrigavam garças e muitas plantas, foram aterradas para se construir casas. Além do mais, havia sete mananciais de água que se transformaram em captação de água para consumo, e hoje há problemas de abastecimento na cidade. As montanhas que contornam a cidade também estão sendo engolidas pelas mineradoras, e as casas começaram

---

5   Entrevista realizada com o professor dr. Edgar, peruano radicado em San Cristóbal. A Universidade Pedagógica Nacional oferece cursos de Licenciatura Indígena.

a subir morro acima, com maiores problemas de captação de água. Além desses problemas, a água estaria contaminada e serviria para aguar as hortas. Esses fatos trouxeram muitas doenças na cidade. Os indígenas também entraram em determinados setores econômicos, como no transporte público. Pequenos caminhões coloridos, nos quais os indígenas são transportados na carroceria e em pé, fizeram a riqueza de uma "burguesia" indígena. Aliás, houve uma ascensão social para uma pequena parcela indígena, mas a maioria das índias continua sendo empregada doméstica ou vendendo produtos na rua, se mulher, ou sendo trabalhadores manuais e empregados de restaurante, se homem.

Os governos procuram transformar San Cristóbal e Chiapas em regiões turísticas. Foi nesse sentido que nos últimos vinte anos cresceu o número de hotéis e restaurantes na cidade, sendo que San Cristóbal possui mais de 500 hotéis. E também suas belezas naturais, selva e tesouros arqueológicos tornaram-se área de cobiça de grandes grupos que desejam investir em turismo. Mas para tanto, necessitam expulsar os camponeses de suas terras.

É nesse ponto que o professor Edgard[6] vê o Zapatismo como fundamental, principalmente nos anos 1990. Para ele, o movimento ajudou na conscientização de que o indígena não era um ser inferior e ajudou a criar novos valores e uma nova consciência social. Lutaram pelos direitos indígenas e contra o Livre Comércio com os EUA (Nafta). Levantaram a cabeça de muitos indígenas e trouxeram uma nova ideologia. Houve reação violenta dos governos, mas também os obrigou a fazerem mais investimento para os povos

---

6   Entrevista realizada com o professor dr. Edgar, peruano radicado em San Cristóbal. A Universidade Pedagógica Nacional oferece cursos de Licenciatura Indígena.

indígenas. Assim, o Zapatismo seria um importante marco para as lutas dos povos nos anos 1990.

Antes do Zapatismo, todas as instituições eram controladas pelo PRI, que controlava, inclusive, o sindicalismo operário e camponês. Depois do Zapatismo, os índios foram se organizando. Chegaram a eleger o primeiro prefeito indígena da cidade, já nos anos 2000. Porém, os zapatistas começam a perder o controle da situação e os indígenas no poder, muitos advindos do Zapatismo, começaram a reproduzir os mesmo métodos do PRI. Mas ainda de acordo com o professor Edgard,[7] os zapatistas, mesmo tendo toda essa importância e influência, não souberam aproveitar esse momento político e se fecharam nos caracóis, com todos os riscos de isolamento.

A cidade de San Juan Chamolo, distante cerca de sete quilômetros de San Cristóbal e conhecida por possuir uma igreja católica sincretista, também é um município autônomo. A igreja da cidade, fonte de turismo, possui grama em cima do piso, não possui bancos, possui um altar completamente diferente onde as pessoas ficam rezando com os xamãs, que, aliás, cobram 100 pesos para rezar com os fiéis.

Mas, para chegar até a igreja percorre-se um caminho em que os indígenas vendem os seus artesanatos. Nesse espaço, somos envolvidos por mulheres que, insistentemente, tentam vender seus artesanatos. Vemos também muitas crianças esmolando ou tentando vender produtos artesanais, sendo que um número grande de meninas tenta vender produtos, pedir dinheiro ou cobrar para tirar fotos. Nesse momento toda a pobreza dos indígenas aparece. São

---

7   Entrevista realizada com o professor dr. Edgar, peruano radicado em San Cristóbal. A Universidade Pedagógica Nacional oferece cursos de Licenciatura Indígena.

muitas as crianças que rodeiam os turistas. A sensação da justeza da luta zapatista aparece aí, quando vemos crianças nesta situação.

De acordo com Peter Rosset,[8] estadunidense que mora em San Cristóbal e trabalha para a Via Campesina, San Juan Chamula seria um distrito muito rico, consequência do tráfico de pessoas e do narcotráfico. Mas esse dinheiro é concentrado. E algo interessante é que fizeram um acordo com governos do PRI, trocando votos pela autonomia. Assim, hoje possuem até polícia própria em troco de votos ao PRI.

Em consequência, indígenas que eram agricultores e plantavam nos Ejidos agora esmolam ou se humilham num comércio de péssima qualidade. Esse é o retrato que décadas de colonização espanhola ou décadas de dominação do capitalismo, capitaneada por governos elitizados, capitalistas e fiéis aliados dos Estados Unidos, legaram ao povo mexicano.

O Zapatismo em Chiapas

Uma professora[9] do Centro de Investigaciones e Estudios Superiores em Antropologia, Unidade Sureste(CIESAS),[10] disse-me, em entrevista, que os Ejidos não plantam em comum, mas sim em propriedades familiares. Porém, decidem o destino das plantações em comum. Não seriam como cooperativas, pois não existiria a formalização, e sim a tradição. Esse sistema estaria espalhado por todo o México, diferenciando-se, assim, do modo de produção camponês brasileiro.

---

8   Bem conhecido por seus estudos e defesa da agroecologia.
9   Professora dra. Maria Elena Torres. Conversa realizada em maio de 2011 em San Cristóbal de Las Casas, Chiapas, México.
10 O Centro abrigou-me enquanto estive em Chiapas realizando a minha pesquisa.

Explicou-me que depois do levante zapatista de 1994, o governo passou a financiar mais os índios e a apoiar os Ejidos, buscando isolar os zapatistas. Outra problemática que os zapatistas enfrentam são as diversas "bolsas de apoio aos pobres" que existem no México e que os habitantes das comunidades indígenas recebem na sua quase totalidade. "Quase" totalidade porque os zapatistas são contra essas bolsas e fazem campanha para que, pelo menos em seus caracóis, os indígenas não as aceitem. Mas é uma luta muito difícil e, conforme ouvi, muitos membros das comunidades zapatistas fazem uso desse benefício focalizado. Um problema mais sério são as organizações para-militares. Esses grupos e organizações recrutam indígenas para áreas rurais, muitas delas sob controle zapatista e, logo, esses indígenas recebem o título de propriedade do governo.

O sul do México, a despeito de sua enorme modernização globalizada e neoliberal, vive um "mosaico" no campo. Ejidos zapatistas, ejidos não vinculados aos Zapatistas, ejidos que aderem ao Zapatismo e ejidos que se afastam do Zapatismo são parte desse "mosaico". O agronegócio insere-se nas terras planas enquanto os camponeses indígenas ficam nas regiões mais montanhosas.

O "Bom Governo", a autonomia e a administração das "ações diretas"

O poder nas áreas zapatistas é realizado através do chamado "Bom Governo". Membros das diversas comunidades são eleitos para compor esse governo por um período de uma a duas semanas. Depois voltam para suas terras. Assim, instituem um poder paralelo, usando inclusive a língua nativa dos indígenas, se necessário. E, como sempre há um rodízio, não existe o apego ao cargo e ao poder. Apesar de receberem alguma ajuda de custo neste período, não existem "militantes" ou membros do "Bom Governo" que sejam assalariados permanentes. A relação com o poder e a institucionalização é rechaçada pelos zapatistas mais ideológicos. Assim, procuram viver com seus próprios meios e não negociam com o poder institucional, ou o "Mau Governo".

A autonomia dos zapatistas é algo que surge desde os seus primeiros atos e permanece como uma marca do movimento. Diz Pablo González Casanova, conhecido sociólogo mexicano (2014):[11]

> É claro que os zapatistas não propõem uma autonomia no estilo das repúblicas indígenas da colônia. O que estão projetando é uma reestruturação da vida social, econômica, cultural, política, ecológica, onde os coletivos, que conservam certa autonomia, se articulam nos sistemas cooperativos das mais distintas magnitudes. Em algumas ocasiões, quando assim forem mais efetivos e funcionais, os serviços administrativos e de segurança das redes de comunidades podem chegar a centralizar-se. Mas aos seus comandantes são dados poderes limitados. Dentro de um campo determinado podem tomar decisões sem consultar, mas no resto estão obrigados a fazer esta consulta. Em todo caso, no final de certas lutas ou períodos, os delegados podem permanecer em suas missões devido à experiência adquirida, ou têm que se reintegrar à sua comunidade, cuidando para que não gozem de nenhum privilégio especial em relação ao resto da população.

---

11 CASANOVA, Pablo González. "O caminho para a democracia direta: Entrevista com Pablo González (2ª parte)". Disponível em: http://passapalavra.info/2012/01/50406. Acesso em: 08/04/2014.

Desde 2005, quando assumiram a "Outra Campanha", os zapatistas estão mais distantes dos noticiários. O último comunicado público do EZLN foi divulgado em 2006. Dificultaram a entrada de estranhos nas comunidades e, assim, estão em processo de isolamento. Apesar de que, em 2010, realizaram uma manifestação em San Cristóbal, quando milhares de camponeses indígenas, no dia das mães, "invadiram" a cidade pedindo paz. Também em outubro de 2014 realizaram uma passeata em San Cristóbal. Mas foram manifestações quase isoladas.

A "Outra Campanha", de 2005, é decorrente dos debates que geraram a "Sexta Declaração da Floresta de Lacandona", um documento fundamental que em que demarcavam os rumos de suas lutas. Nas eleições para governador de Chiapas em 2006 defenderam e organizaram o "Outro Campo", dentro da proposta da "Outra Campanha", no qual defenderam uma luta anti-sistêmica e anti-eleitoral.

Como já salientado, no plano nacional, Manuel Obrador, do PRD, defendia um programa "à esquerda" tanto em 2006 como em 2010. Porém, os zapatistas continuaram a defender a proposta de abstenção eleitoral na política tradicional e continuaram a defender a constituição da "Outra Campanha", junto com a grupos indígenas, marginalizados sociais e intelectuais simpáticos aos zapatistas. Mas Houtart (2013) ressalta, baseando-se na "Sexta Declaração de Lacandona', que esta atitude não seria relativo a um suposto desprezo pela política. Diz:

> Alguns concluíram que os zapatistas desprezavam o poder. A atitude deles frente à política nacional acabava por reforçar esta crença. Daí a idéia de que eram fiéis discípulos de John Holloway que, em um livro célebre,

propugnava a idéia que se podia mudar as sociedades sem tomar o poder [...]. Nada é mais distante da posição zapatista [...]. De fato, não encontramos nos zapatistas qualquer desprezo pela política enquanto exercício do poder, mas encontramos sim o desejo de fazer " [...] uma outra política". Para que governar retirando das populações a capacidade de agir que possuem, concentrando o poder em mãos com interesses que não lhe dizem respeito? Portanto, é preciso reconstruí--la a partir de baixo, leve o tempo que for necessário (HOUTART, 2013, p. 20).

Mas, de fato, desde 2006 os zapatistas estão menos presentes nas ações e debates políticos do México e da esquerda mundial. De acordo com Houtart (2013), mesmo com essa aparência de menor expressão, os zapatistas fizeram um representativo colóquio em Chiapas em 2007, com a presença de diversos intelectuais e de zapatistas, inclusive com a presença do Subcomandante Marcos. No mesmo ano organizaram um Encontro Internacional de Mulheres para debater a construção de um outro "desenvolvimento" baseado em uma vida digna. Voltando ao colóquio, Houtart analisa a fala de Marcos nesse evento, demarcando o compromisso anti-capitalista deste:

> O "sub", como o chamavam, era sem dúvida crítico da realidade, mas não caía nos excessos de certos pós-modernos, cuja recusa de sistemas, de estruturas, de teorias, da organização da história, os transformava em excelentes ideólogos do neoliberalismo. Com efeito, este tinha bastante necessidade de ignorar a organização

sistêmica das bases materiais do capitalismo e as de poder que o caracterizam (HOUTART, 2013, p. 10)

Atualmente os zapatistas aproximam-se do Congresso Indígena do México e em dezembro de 2012 e janeiro de 2013 organizaram o Terceiro Seminário Internacional denominado "Planeta Terra e movimentos anti-sistêmicos", no qual buscaram uma aproximação com os movimentos indígenas da América Latina. Mas no campo prático os zapatistas também necessitam construir sua vida material. Assim, tiveram que se voltar para a reorganização da economia e, nos dizeres de Houtart (2013):

> Reorganizar a produção material da existência humana (a economia) fora da lógica de acumulação foi um dos seus primeiros objetivos. Para isso, era preciso abolir a propriedade privada da terra como base da produção agrícola. A reconquista das terras coletivas das comunidades indígenas foi, portanto empreendida, conjuntamente com uma organização democrática de valorização delas. Foram organizadas cooperativas para a produção e comercialização dos produtos. Utilizou-se o excedente para financiar equipamentos comuns. Diversas cooperativas de transporte também foram criadas, que contribuiram, entre outras coisas, para mobilizar tantas pessoas para as manifestações de 21 de dezembro de 2012 (HOUTART, 2013, p. 18).

Mas além da viabilidade econômica da "Outra Economia" que garantisse a vida das comunidades, o movimento também necessitava se auto-financiar, já que não aceitam e não possuem apoio governamental. Em 2013, o Subcomandante Marcos lança três comunicados dizendo que a produtividade orgânica das comunidades era satisfatória e até superior ao plantio tradicional, principalmente o café usado "para exportação". Marcos defende que essas produções é que estão financiando as ações do Zapatismo, inclusive em áreas sociais não zapatistas, como no caso de atendimento de saúde para diversas comunidades (HOUTART, 2013).

Outra professora, da Universidade de Ciências Sociais de San Cristóbal,[12] explicou-me que os municípios autônomos zapatistas estão vivendo em "Estado de Sítio", mas mesmo assim resistem a receber qualquer apoio do Estado mexicano. Assim, estariam passando por uma "reestruturação" interna. Existe o risco do isolamento, mas preferem arriscar, nesse momento, do que ceder ao Estado. Ainda segundo essa professora,[13] o Zapatismo não participa da política institucional, mas possui um projeto político baseado nas lutas indígenas, camponesas e no mundo do trabalho. Esses seriam os pilares zapatistas. Para eles, a institucionalidade concentra poderes e o poder deveria ser extensivo a todo o povo. Assim, pregam também as ações diretas nas decisões políticas.

Essa esquerda não institucionalizada estaria atuando em torno da "Outra Campanha" proposta pelos zapatistas. Durante seis meses, o Subcomandante Marcos percorreu o país pregando a "Outra Campanha" e fazendo contatos políticos. Posteriormente saiu outra delegação de zapatistas, percorrendo o México de norte a sul do país, fazendo contatos mínimos com resistências locais e populares não partidários.

Apesar de existir uma lei federal, a Lei de Pacificações, que reconhece os territórios autônomos zapatistas, reconhece o direito

---

12   Professora Kátia Nunes. Conversa realizada em junho de 2011, em Chiapas, México.

13   *Ibidem*

de uso de armas para sua defesa e permite aos zapatistas o direito de fazer proselitismo político sem armas, essa delegação sofreu forte repressão por parte dos para-militares e pelo exército. Chegaram a deter o líder zapatista Marcos e, assim, a marcha da Terceira Delegação foi suspensa.

Segundo Peter Rosset, os municípios autônomos zapatistas seriam o "Núcleo Duro" do Zapatismo e nesse sentido seriam "mais fechados". Mas o ideal zapatista estaria espalhado em diversas comunidades e municípios, que adotariam uma posição mais leve em relação ao movimento. Por exemplo, estes últimos não teriam objeção ao recebimento das diversas bolsas que o governo distribui aos pobres. Mas ficam mais vulneráveis aos apelos dos paramilitares e do governo, que tentam isolar o Zapatismo ao "Núcleo Duro".

Dessa forma, os zapatistas procuram manter suas conquistas adquiridas nas lutas e nas ações diretas, criando, inclusive, um poder paralelo. Mas correm o risco de isolamento a da necessidade diária de manter estas conquistas no campo material.

As visitas e a pesquisa de campo nos Caracóis Zapatistas

a) O caracol Oventic

Em 2011 me dirigi ao caracol zapatista de Oventic. Localiza-se a cerca de uma hora de San Cristóbal. O meio de transporte foi um táxi[14] e no caminho o motorista, um indígena mexicano que havia morado dois anos nos EUA, mas não falava inglês, foi nos dizendo que depois do levante "do Subcomandante Marcos" os indígenas haviam adquirido mais direitos em Chiapas.

---

14 Estava acompanhado pela professora Inês Teixeira, da FAE/UFMG, que realizava seu pós-doutoramento no México, e por Marcos Teixeira, psicólogo, que morava na França e visitava os caracóis.

Em uma estrada asfaltada e com muitas curvas, caminho para Oventic, vê-se, mais uma vez, a pobreza do estado de Chiapas. Com muitas paisagens de montanhas e selvas, onde possivelmente encontra-se o exército zapatista, a beira da estrada mostra casebres de madeira, onde quase sempre se avistam, também, mulheres indígenas, e pequenos e pobres comércios, com geladeira da Coca-Cola e homens no balcão. Muita lenha amontoada nas frentes dos barracões mostrava que a comida é feita em fogões de lenha.

Em determinado momento, uma placa no caminho dizia que entrávamos em um município autônomo zapatista. Era Oventic. Serpenteamos pela estrada de asfalto cerca de dez quilômetros e, nesse caminho, a paisagem humana não mudava. Em território zapatista os barracões e a pobreza eram os mesmos.

Até que, na beira da estrada, enxergamos alguns painéis coloridos e um portão de ferro. Descemos ali, naquele ponto e encontramos uma senhora com o rosto coberto por um gorro preto de esquiador, marca própria do EZLN, fazendo guarda do lado de dentro do portão. Buscamos conversar com ela, dizendo que queríamos conhecer o caracol. Ela, sem maiores conversas, mandou-nos esperar. Depois de um tempo, vieram dois homens, também como rosto todo coberto com os gorros pretos e colheram diversos dados nossos. Pediram passaportes e retornaram para dentro do caracol. Possivelmente foram consultar a Junta de Bom Governo ou a Vigilância, ou ambos. Depois de um tempo, voltaram e disseram que a entrada estava liberada. Abriram um pequeno portão ao lado, e adentramos no centro administrativo e comercial de Oventic.

Na entrada, deparamos com um armazém, que comercializava produtos, industrializados ou não, como DVDs piratas e políticos. Diversos produtos zapatistas também são vendidos, além de ter um pequeno restaurante. Observa-se que, do lado de fora do armazém, um painel pintado com o rosto e uma frase de Che Guevara estava acima de diversos engradados de Coca-Cola, mostrando a força da bebida multinacional.

Esperava-nos uma moça de lenço no rosto, que iria nos acompanhar. De início não quis dizer o seu nome, mas depois disse ser Carla. Possivelmente não era seu nome real. Disse que poderíamos ver o caracol, tirar fotos dos painéis, que são muitos e coloridos, mas não poderíamos tirar fotos de pessoas e das montanhas. Compreendemos, pois os rostos das pessoas necessitam ser resguardados e, nas montanhas, age o exército zapatista. No mais, praticamente não nos dirigiu a palavra e se recusava a responder perguntas triviais.

Pedimos para conversar na "Junta de Bom Governo", e Carla mandou-nos aguardar na porta do barracão onde funciona a Junta. Era um barracão de madeira, muito simples, comprido, sem janelas à vista e com a porta fechada. Ao lado, três camionetes Nissan em ótimo estado estavam paradas. Na frente, outra camionete Toyota. Ao longo da comunidade, havia outras camionetes novas. Depois de muito tempo, um senhor colocou a cabeça de fora da porta, coberto com o gorro, e disse que a moça ia nos acompanhar na visita, mas não seríamos recebidos. Assim, sem explicações, não fomos recebidos pela Junta.

Esse território zapatista possui uma rua cimentada, descida, que começa no portão. Nesta rua podem-se observar diversos barracões de madeira, pobres, mas com lindíssimos painéis coloridos. Tradição de Diego Rivera? Possivelmente Rivera influenciou, assim como muitos outros, pois o México é o país dos muralistas. Os painéis foram feitos por artistas e não pelos moradores.

Descendo a rua, encontramos os barracões e suas pinturas. Os primeiros eram "Escritórios pela Dignidade", "Sociedade Cooperativa Artesanal de Mulheres pela Dignidade", "Loja Cooperativa de Artesanatos". Nessas lojas, mulheres, sem os rostos tampados e bem mais solícitas, vendiam artesanatos possivelmente aos visitantes. Artesanatos indígenas muito parecidos com os que são vendidos nas cidades. Na "Cooperativa de Café" encontramos homens vendendo os seus produtos. Também havia um barracão da Vigilância, com quatro homens. Adentrei e, ao dizer "olá", os homens cobriram o rosto e disseram não poder falar.

Pela beleza e colorido, os painéis são difíceis de serem descritos.[15] Mulheres e homens de rosto tampado, milhos estilizados e uma série de outros motivos compõem o ambiente. Havia um hospital, uma das maiores construções da comunidade, em que Che Guevara, Zapata e a Virgem de Guadalupe, com o lenço zapatista no rosto, adornavam a entrada da casa de saúde. Ao longo da rua, pequenas casas quadradas de madeira, muito pobres, sem desenhos, mas tampadas por árvores, eram as moradias dos indígenas rebeldes. Embaixo, porém havia uma concentração de casas, do mesmo estilo. Nota-se que os moradores passam por dificuldades materiais, mas mantêm sua rebeldia.

Outro armazém vendia também diversos produtos. A Coca-Cola aparecia com destaque no freezer da entrada do comércio. Também uma imagem, em pano da Virgem da Guadalupe, destacava. Numa mesa, cerca de seis homens com chapéu de vaqueiro e sem cobertura no rosto, conversavam.

Dentro da comunidade cercada existe a escola secundária. Como era sábado, não havia aulas. Os alunos que terminam a

---

15   Ao fim deste capítulo, algumas fotos são apresentadas.

escola secundária tornam-se promotores, ou seja, professores autônomos. Lecionam de forma bilíngue nas escolas autônomas zapatistas. Infelizmente, não nos foi permitido aproximar da escola, sem nenhuma explicação.

Ao sairmos, a professora Inês ofereceu, de presente, uma camiseta da "Marcha Mundial das Mulheres" para Carla. Apesar de sua expressão de desejo, ela recusou. Saímos. Atravessamos a rodovia e do outro lado uma farmácia autônoma para os moradores da região, no qual o "farmacêutico" ouvia uma rádio zapatista. Ao lado, outros painéis e mais uma clínica "Guadalupe".

Também desse lado destacava-se a escola primária. Na casa, de alvenaria, um belo desenho do rosto de uma mulher tomando todo o lado da parede. Em cima os dizeres "Escola Autônoma Rebelde Primária". Ao lado, uma quadra de basquete. A escola, por ser sábado, encontrava-se fechada. Mas pela janela, observava-se ser muito carente e pouco conservada.

No dia 31 de maio fiz uma nova tentativa de conhecer as escolas de Oventic. A mesma estrada serpenteada e pobre e os mesmos problemas para adentrar no caracol. Novamente pedi permissão para a mulher de rosto tampado na porta que foi chamar dois homens de pasamontanhas, que me fizeram perguntas, anotaram novamente, pediram meu passaporte e foram para dentro em busca de alguma autorização.

Como eu havia explicado que era professor no Brasil, que fazia pesquisas sobre escolas do campo em meu país, pensei que não teria problemas para conhecer as escolas do caracol. Mas nada disso adiantou. Os dois homens de pasamontanhas retornaram e disseram que eu poderia adentrar, conhecer o caracol, mas não poderia me aproximar da escola. Tentei argumentar que tinha vindo do Brasil para conhecer essas escolas, que era simpatizante do Zapatismo, mas os homens somente diziam que "sentiam muito", porém nada poderiam fazer. Vi que não adiantaria argumentar, pois existe uma forte hierarquia e segurança nos caracóis. Como seria o mesmo trajeto, sem possibilidades de diálogo, não quis adentrar. Preferi tentar conversar com algumas pessoas de Oventic que ficam do lado de fora do núcleo fechado. Caminhei na rodovia e encontrei as mesmas casas de madeira muito pobres, pequenos e pobres comércios com freezer da Coca-Cola. Mas adiante, avistava-se um povoado com casas maiores. Perguntei a uma mulher, que vinha na estrada carregando seu filho no colo, se ali ainda era Oventic, e ela disse-me que não. A moradora no entorno do Caracol não se reconheceu Zapatista.

Retornei para frente do portão, do outro lado da rodovia, onde existe um ponto de transporte e um comércio com desenhos zapatistas e fiquei observando. Um caminhão da Coca-Cola parou e não teve dificuldades para abastecer o comércio interno ao caracol. Do meu lado, quatro mulheres indígenas muito pobres estavam sentadas no chão comendo tortilhas. Possivelmente esperavam o caminhão que as levaria em pé na carroceria. Nesse momento, passou um táxi coletivo e eu voltei para San Cristóbal.

b) O Caracol Morelia

O segundo município autônomo que visitei para minha pesquisa foi Morelia. Mais distante do que o Oventic, apresenta um estilo mais rústico, mais rural e mais agradável, pois é cercado de montanhas. Para chegar ao caracol, necessitei de uma caminhada por estradas asfaltadas, por cidades e povoados. Primeiramente, tomei uma van, com muitas pessoas. A van tomou uma estrada asfaltada, com muitas curvas, e o cenário era o mesmo de Oventic: casebres de madeira habitados por indígenas e pequenos e pobres comércios ladeando a estrada, tendo ao fundo belas e arborizadas montanhas. A pobreza de Chiapas transparece. A van, depois de 1 hora e 40 minutos, deixou-me na estrada. Ali tive de tomar outro transporte. Era uma velha camionete Nissan, cabine dupla. Na parte aberta na traseira havia um "pau--de- arara", onde amontoavam-se diversos índios e índias. Na parte da cabine, onde fui, também era um espaço sem conforto, já que também estava cheio. Caminhamos por cerca de 40 minutos, com a camionete parando para que pessoas subissem ou descessem. Perto de uma escola, na beira da estrada, muitas crianças escolares subiram na parte de trás, sem nenhuma proteção ou segurança.

Em seguida, chegamos a Altamirando, um pequeno e pobre município. Altamirando foi uma das cidades em que os zapatistas lutaram e tomaram na rebelião de 1994. Mas a presença explícita dos zapatistas é, hoje, pequena. Antes da entrada da cidade, notei a presença do exército em ambos os lados da estrada, com soldados armados. Depois vi que havia uma unidade do exército mexicano, possivelmente devido à proximidade da presença zapatista. Em Altamirando, procurei outro transporte e, novamente, encontrei muitas camionetes Nissan iguais às que eu havia tomado. Uma delas iria ao ejido Morelia e ao caracol. Esperei muito tempo, para que a camionete ficasse cheia. Estrada de terra, moradores do ejido e do caracol logo encheram a traseira e a cabine da camionete e mais trinta minutos de estrada de terra levou-me ao caracol.

Antes passamos no ejido. O mesmo cenário de pobreza e casebres. Mas em uma construção que me pareceu abandonada, vi um desenho de um soldado zapatista, rosto coberto, e as inscrições: EZLN. Logo à frente estava o caracol. Um grande desenho de

Zapata, o revolucionário, e os escritos "Tierra e Liberdad" estavam ao lado do portão de ferro que isolava o centro do caracol. Do lado de dentro do portão, duas mulheres com roupas indígenas e sem as máscaras que todos usavam em Oventic. Expliquei que era professor brasileiro e que desejava conhecer o caracol. Ela buscou um formulário e começou a fazer perguntas num espanhol popular e próprio das comunidades que falam também as línguas indígenas. O espanhol é a segunda língua desses povos, que só vão aprendê-lo nas escolas bilíngues. Depois de muita dificuldade de comunicação, uma delas foi para dentro e voltou dizendo que eu poderia adentrar, mas antes teria de conversar com a "Junta de Bom Governo".

Na porta da Junta, onde tive de aguardar, encontrei a mesma pessoa que eu havia conversado no "Enlace Civil".[16] Conversamos durante meia hora sobre a política brasileira, mexicana, o MST e o Zapatismo, até que ele saiu para uma reunião e eu continuei esperando. Foi um momento muito interessante, pois vi o funcionamento da Junta. Diversas pessoas levam suas demandas, seus problemas e outros assuntos para debater com a Junta. Ali, debate-se e decide-se de forma democrática. Assim, as pessoas esperavam no mesmo lugar em que eu também esperava e eram chamadas quando terminava uma "audiência". Aí, outra pessoa era chamada, e eu ouvia muitas conversas vindas lá de dentro. Usavam tanto o espanhol quanto as línguas nativas, de acordo com o desejo das pessoas, já que alguns, principalmente os mais velhos, não dominam bem o espanhol. E esse é um dos muitos problemas que os indígenas

---

16 Enlace Civil é uma organização de apoio ao Zapatismo. Possui sua sede em San Cristóbal e recebe ajuda vindas de diversos movimentos de diversos países. Antes de ir aos caracóis visitei o Enlace e conversei com alguns assessores. Foram bastante reticentes em darem informações.

enfrentam quando necessitam do "Mau Governo", ou seja, o governo institucional.

Até que fui chamado pela Junta. Fui o último. Duas mesas encontravam-se à minha frente e ao meu lado. No total havia três homens e três mulheres. Uma das mulheres fazia anotações da conversa em um computador. Começaram perguntando-me o que eu queria no caracol e eu respondi que era professor universitário no Brasil e que estava lá para conhecer os caracóis e as escolas zapatistas. A dificuldade de diálogo era visível, pois eu tentava me expressar em espanhol, mas possivelmente num espanhol mais acadêmico do que o que eles usavam em seus diálogos.

Devo dizer que eles buscavam conversar e até riam muito da nossa dificuldade de diálogo. Perguntaram-me se eu pertencia a algum movimento político brasileiro e, por mais que eu explicasse que o meu motivo era uma pesquisa acadêmica, isto não ficava claro para a Junta. Os membros da Junta desconheciam todos os movimentos políticos do Brasil, inclusive o MST. A moça continuava a escrever, no computador, nossa tentativa de diálogo. Fiz perguntas acerca da educação no caracol e eles responderam que ali dentro não existia escola e que os alunos frequentavam a escola do ejido, ao lado de fora do portão. Perguntei quem era responsável pela escola, e eles disseram que naquele dia havia aulas. Por fim me liberaram e eu pude caminhar pelo caracol.

Vi, ao longe, o assessor do Enlace debatendo e escrevendo em um quadro diversas coisas para um grupo. Por respeito, pois sei da segurança que eles são obrigados a se submeter, não me aproximei. Porém, conversei com diversos "zapatistas". Todos muito simples, índios, mestiços, camponeses, muito diferentes das figuras "revolucionárias" que nos vêm a mente quando pensamos nos zapatistas. Debaixo de uma árvore, diversos homens tomavam café em roda, descansando e conversando coisas triviais da rotina do trabalho. Aproximei-me e perguntei pelas lutas zapatistas. Eles contaram-me das dificuldades e das plantações "sem agrotóxicos" que faziam na comunidade. Indagaram-me sobre o que eu fazia, e eu disse que era professor e pesquisador e que pesquisava os movimentos sociais do campo, principalmente o MST, no Brasil. Alguns demonstraram conhecer o MST e perguntaram-me se era parecido com o Zapatismo. Tentei explicar as semelhanças e diferenças. Em outro grupo, elogiei o caracol pela abundância de verde e eles agradeceram, mas não quiseram conversar mais.

Tive liberdade de andar pelo caracol e tirar fotos. Respeitei a privacidade de não tirar fotos das pessoas. Vi os banheiros coletivos de madeira, muito pobres, um grande auditório, a fábrica de sapatos, sandálias e botas, fabricados por eles e vendidos nas cidades. Observei que, naquele momento, estavam fechadas todas as unidades produtivas dentro do caracol. E também estava fechada uma pequena creche que funciona dentro do caracol. Mas os painéis continuavam lá, belos e representativos das lutas indígenas camponesas.

Vendo que minha tarefa estava esgotada, saí e fui esperar as vans que me levariam de volta. Fui para a estrada cercada pelas casas pobres do ejido. Perguntei onde pegaria a van e um grupo de jovens indicou-me um local na estrada poeirenta e quente. Depois de muito tempo esperando, veio o retorno das mesmas camionetes cheias e inseguras.

Fui até Altamirando e enfrentei longa fila de pessoas, quase todas indígenas, esperando transporte. As pessoas, inclusive muitas crianças com uniforme escolar, subiam apressadamente para garantir lugar em pé, nas traseiras das camionetes. Fui novamente na cabine, dividindo o banco com muitas outras pessoas.

Na estrada, deparei-me novamente com muitos soldados do exército, parando carros e camionetes e pedindo documentos. Não pararam a camionete em que eu estava. Assim, adentrei novamente estrada curvas e de terra em camionete lotadas e sem nenhuma segurança. Ao longo da viagem, os passageiros da traseira batiam as mãos no teto da camionete para parar. Desciam muitos e subiam muitos outros. Em frente a uma escola bilíngue desceram muitas crianças.

A van deixou-me numa estrada asfaltada, debaixo de chuva. Tinha de pegar nova condução ali. Encaminhei-me para um restaurante, que tinha um inconfundível desenho zapatista. Tomei um refrigerante e fiquei esperando muito tempo. Quando já anoitecia, uma camionete lotada parou e eu entrei na cabine. Na parte de trás subiram muitas índias carregando crianças no nos panos. Deixou-me em outra cidade e, imediatamente, tomei outra van para San Cristóbal. Cheguei já bem tarde da noite, com as imagens em minha máquina fotográfica e um diário de campo.

Autonomia e isolamento?

Nesta segunda década de novo século, se diz que o Zapatismo vive momentos de crise política e que está isolado e fechado em seus domínios. Pelos depoimentos colhidos em pesquisa de campo e leitura em livros, jornais e sites, vê-se que esse é um problema real e polêmico.

López y Rivas (2014) questiona, dizendo que existe uma campanha com cunho racista que busca desmobilizar os zapatistas, dizendo que eles representam apenas uma pequena minoria e que seriam manipulados pelo EZLN, principalmente pelo Subcomandante Marcos, que com suas críticas ao capitalismo estaria se isolando cada vez mais. Diz López y Rivas:

Camuflados na "objetividade" acadêmica, jornalística ou no cinismo, não poderiam faltar no vigésimo aniversário da rebelião do Exército de Libertação Nacional seus detratores enfatizando seus fracassos, deserções generalizadas, persistência da pobreza e, inclusive – e porque não? – seu personalismo. Que lástima que o EZLN continue existindo, que haja municípios autônomos, que se encontre em curso importantes experiências organizativas, que não tenham fracassado e que depois de duas décadas sigam tão vivos que necessitam que os declarem mortos, em decadência, esgotados e contraditórios! Apesar dos tempos que correm e da grave condição do país, e sem pretender esconder a existência de problemas e limitações do processo zapatista, perguntamos: quem fracassou e em que sentido? A nova geração que foi incorporada nos processos organizativos locais? As deserções acontecem nas fileiras do EZLN ou no Exército e nos partidos políticos? O argumento da persistência da pobreza que é atribuído ao EZLN se refere ao contraste com a generalizada bonança econômica atual dos mexicanos? O que os irrita e não se perdoa nos dirigentes do EZLN? Sem dúvidas, as críticas anunciadas, em sua qualidade e alcance, refletem as limitações políticas de quem as emitem.[17]

Assim, apesar dos problemas decorrentes da atuação zapatista neste novo século, López y Rivas acredita que o zapatismo,

---

17   LÓPEZ Y RIVAS, Gilberto. "El antizapatismo a 20 años de la rebelión". Disponível em: http://www.rebelion.org/noticia.php?id=179609. Acesso em: 10/04/2014.

com todas as dificuldades, constrói uma nova posição política anti-capitalista:

> Em que pese a contra-insurgência e os paramilitares, o desgaste e as mudanças próprias de qualquer movimento, o Zapatismo goza de perfeita saúde, fortalecido pela nova geração que era criança quando houve a insurreição, e que agora estão plenamente incorporados nas múltiplas tarefas que os auto-governos demandam, com a presença massiva de mulheres socializadas por lei que garante a sua participação, com mudanças de comando que asseguram a continuidade de um projeto emancipatório, que construiu um mundo de utopias realizáveis como uma opção política ética e congruente com os princípios revolucionários e anticapitalistas. Felicidades, camaradas![18]

Porém, é visível que o Zapatismo vive um movimento fechado, com grandes dificuldades de expansão de sua "Outra Campanha". É inegável que sua autonomia e sua proposta anti-institucional em relação à política tradicional é fundamental para a construção desse novo processo, porém o risco do isolamento já se faz sentir.

Um professor da Unam[19] analisa que o Zapatismo ficou restrito à política local em Chiapas, não conseguindo levar sua proposta a todo o México, apesar de possuir simpatizantes em todo o país. Disse-me que a esquerda mexicana está muito fragilizada e

---

18   LÓPEZ Y RIVAS, Gilberto. "El antizapatismo a 20 años de la rebelión". Disponível em: http://www.rebelion.org/noticia.php?id=179609. Acesso em: 10/04/2014.

19   Entrevista com o professor Massimo Modonesi, da Faculdade de Ciências Políticas e Sociais da Umam. Entrevista realizada em maio de 2014.

busca constatar que o Zapatismo, ao não participar da campanha de Obrador em 2006, começou o seu processo de isolamento, pois toda a esquerda mexicana estava apoiando o candidato. Analisa que o Zapatismo foi uma enorme esperança, mas que ficou isolado em Chiapas. Bartras (2010) corrobora a análise acima citada, defendendo:

> O que fica claro, e há evidências de que os grupos da "Outra Campanha" estão em batalhas específicas – por exemplo, contra o pagamento das contas de luz – se encontram, neste ponto, com os grupos lopezobradorista. Neste terreno social, há convergências [...]. Então, ao nível dos movimentos sociais, há convergências. [...] Se eles houvessem reconhecido Lopez Obrador em 2006, então poderia ser um governante legitimamente questionado pela esquerda social e pela esquerda política. Eu creio que foi um erro pensar que as pessoas não queriam uma opção eleitoral em 2006 e lançar-se na "Outra Campanha". Foi uma aposta equivocada [...] (BARTRA, 2010, p. 187).

Guillermo Almeyra, marxista argentino que viveu longo tempo no México, tece elogios ao Subcomandante Marcos, principalmente por ele ter dado alguma dignidade aos indígenas através do EZLN e por seus atos sempre revolucionários. Porém, enxerga no Subcomandante Marcos um revolucionário despreparado para compreender e empreender ações políticas transformadoras. Assim, diz que o EZLN primeiro quis ganhar o poder pela força na luta contra o exército mexicano. Depois fez acordos com o PRD e com o governo mexicano para defender direitos para os indígenas. E, por fim, lançou a política da "Outra Campanha". Para Almeyra, a total integração atual do México às políticas imperialistas e americanas tende a acabar de vez com a "ilha zapatista de Chiapas":

> Caiu num isolamento voluntário ao acenar para o México a criação de uma "Outra Campanha" e levar adiante uma política sectária em relação a outros movimentos sociais e mobilizações eleitorais anti-oligárquicas, com o risco de promover a candidatura de Felipe Calderón e Enrique Peña Nieto[...]. O que impediu o primeiro esforço do governo para esmagar militarmente a rebelião zapatista foi a mobilização e a resistência de milhões de pessoas, inclusive de outras ideologias, que apoiaram a rebelião de Chiapas. O temor do custo político de uma Guerra em Chiapas, em seguida, levou o governo a contemporizar e olhar mais para as áreas zapatistas, através de uma política social do PRI. O sectarismo da "Outra Campanha" favoreceu essa política.[20]

Para Almeyra, o EZLN precisa de uma força militar, mas também de acumular forças com outros movimentos sociais libertários, anticapitalistas e anti-imperialistas. Para ele, os zapatistas erram ao elegerem o embrionário partido Morena ou a esquerda revolucionária como os agentes políticos inimigos, pois, para ele, devem ser combatidos nesse momento o grande capital, a política dos EUA e o apoliticismo que toma conta da sociedade.

---

20 ALMEYRA, Guillermo. "EZLN: ossibles escenarios". Disponível em: http://www.jornada.unam.mx/2014/06/08/politica/019a1pol. Acesso em: 22/06/2014.

Cecena,[21] professora da Unam, diz que os zapatistas enfrentam uma nova realidade, pois estavam muito expostos e necessitavam fazer um balanço. É nesse sentido que vê o anunciado desaparecimento do Subcomandante Marcos,[22] pois o movimento estava ficando muito personalizado em sua figura. Para ela, os zapatistas, nos últimos anos, privilegiaram o trabalho interno, procurando fortalecer o seu projeto político e seu "modo de vida". Buscam construir uma alternativa e um exemplo concreto. Nesse projeto político, constroem a luta contra o sistema e, por isso, não participam de eleições. Procuram se aproximar dos despossuídos, dos excluídos, dos sem-teto, sem-casa, e do Congresso Nacional Indígena. Essas seriam as alianças políticas dos zapatistas. Como procuram mudar o mundo pelas bases, Ceceña concorda com a abstenção eleitoral dos zapatistas, mesmo reconhecendo que no caso da eleição de Obrador em 2006 aconteceu um momento de muito debate no México. Diz que o México é estratégico para os EUA, que possuem muitas bases militares lá e que não deixariam a esquerda institucional alcançar o poder político.

Quanto à autonomia, Ceceña diz que muitas vezes os recursos públicos corrompem, e por isso, os zapatistas optaram por não correr esse risco, preferindo construir, na prática, uma "vida diferente". Assim, procuram fazer uma escola alternativa, clínicas de saúde que privilegiam remédios ancestrais e a recuperação de terras degradadas. Reconhece que fazem uma "política pequena", mais localizada, mas que fazem uma política diferente da que acomete o atual México violento, com um modo de vida americanizado com

---

21   Conversa com Ana Esther Ceceña, realizada em junho de 2014 na Cidade do México.

22   No mês de maio de 2014, o Subcomandante Marcos anunciou o seu desaparecimento político, sem maiores explicações para tal ato.

catástrofes ambientais, máfia e tráfico de pessoas, dentre outros problemas.

Em conversas com professores indígenas de Oaxaca[23] que protestavam acampados na Cidade do México, ouvi muitos elogios aos zapatistas. Diziam que eles possuem muitos simpatizantes em Oaxaca, mas que são poucos e que não conseguiram expandir sua política para fora do estado de Chiapas. Um dos manifestantes disse-me que não existe Zapatismo em Oaxaca, mesmo com o estado sofrendo uma profunda reforma energética a favor de grupos empresariais. Esses professores estavam protestando contra as reformas educativas que querem acabar com a estabilidade dos professores e com as escolas indígenas. Pertencem ao CNTE, um "racha" no "peleguismo" sindical dos professores, que é dominado pelo sindicato Sente, influenciados pelo PRI. Os camponeses em protesto no México também manifestaram posição muito semelhante em relação à presença do Zapatismo no México.

Conclusões parciais

Como o MST, o EZLN representou uma possibilidade de resistência ao neoliberalismo, forma dominante do capitalismo nos anos 1990. Tornou-se um dos mais representativos movimentos antiglobalização capitalista e tornou-se, de certa maneira, um ponto de referência para as ações revolucionárias mundiais. Mostrou que mesmo no "moderno" México, vizinho e influenciado diretamente pelos EUA, apresentava uma alternativa com combatentes de rostos escondidos, armados e usando cavalos. Eram os guerrilheiros do novo século, que se comunicavam via internet, principalmente

---

23   Entrevistas realizadas nos acampamentos dos manifestantes em junho de 2014.

pela figura quase mítica de seu Subcomandante Marcos. Ganharam apoios internacionais e garantiram direitos às populações indígenas.

Ao verem muitos acordos serem descumpridos, o Zapatismo optou por uma política autônoma em relação ao governo mexicano. Mas, ao mesmo tempo, ganharam o direito de fazer política no México e ganharam a gestão de algumas áreas autônomas. Ou seja, poderiam administrar suas conquistas nas "ações diretas".

E, novamente aqui, como no caso do MST no Brasil, as administrações diretas quando ficam limitadas, ou seja, quando não crescem como políticas nacionais ou internacionais, tendem ao isolamento. Afinal, tem-se de sobreviver e, para tanto, trabalhar a terra por conta própria, já que não aceitam ajuda governamental. E esse fato dificulta a expansão das ações do Zapatismo.

A pesquisa mostrou que o movimento vive um período de isolamento e que não consegue expandir-se para além de Chiapas. Mesmo que ali procurem construir um modo de vida alternativo, esse modo de vida é muito difícil.

Assim, o Zapatismo passa por mudanças, consubstanciadas na "morte" do Subcomandante Marcos, mas ao mesmo tempo mostra as dificuldades das ações diretas quando estas ficam circunscritas a determinado território.

FOTOS:

San Cristóbal de Lãs Casas – Chiapas, México

Igreja Matriz Católica

Rua com muitos restaurantes

População indígena e mestiça, majoritária na cidade

Mercado de San Cristóbal de Las Casas

Periferia de San Cristóbal

Camionete para transporte popular

Cidade de Chamula – Chiapas

A igreja e crianças e mulheres vendendo artesanato

Caracol Oventic

Placa na estrada

Entrada do caracol

Junta do "Bom Governo"

Tiendas

Tienda   Hospital

Imagem de Nossa Senhora de Guadalupe no hospital e loja de comércio

Comércio

Periferia do caracol Oventic

Cidade de Altamirando – Chiapas: Caminho para o caracol Morelia

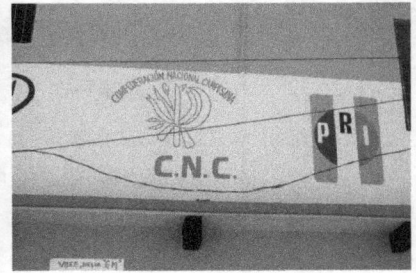

Caracol Morelia

Entrada

Junta do "Bom Governo"

Vista parcial

Cafeteria

Vista e creche

Painéis

Auditório e oficina

Restaurante na estrada

CAPÍTULO 4

A educação no novo milênio no MST e no Zapatismo

Educação, Contradição e Emancipação

O processo educativo deve ser analisado como um fenômeno inserido na totalidade social, extrapolando as análises que consideram o sistema educacional como fechado em si mesmo, passível de explicações pedagógicas próprias. Assim, contextualizando o processo educativo, vê-se que, na modernidade, devem-se procurar parâmetros entre o sistema capitalista dominante e o sistema educacional. Mas não se pode ver esse processo de forma linear, pois sabe-se que a educação escolar remete-nos a diversos campos de reflexão, inclusive da luta de classes, pois as diferentes classes sociais, os capitalistas e os anticapitalistas debatem e defendem projetos educacionais com objetivos claramente diferenciados.

Esse fenômeno antecede o capitalismo. Já na Grécia Antiga, a divisão entre cidadãos e escravos trazia em seu bojo a falsa divisão entre aqueles que "pensavam" (cidadão) e entre aqueles que realizavam trabalhos "manuais" (escravos). A palavra "escola", de origem grega (scholé) tem como significado a palavra "ócio', pois o ócio era a arte nobre de prescindir ao trabalho manual e se dedicar ao espírito e ao intelecto.

A ascensão da burguesia inverteu esse quadro. A burguesia negociante negava a classe ociosa (negócio = negar o ócio). O ócio torna-se sinônimo de desocupado, numa evidente crítica à nobreza de então. O burguês dizia-se um trabalhador, e portanto o trabalho é valorizado. A partir dessa época passa a "valorizar e dignificar o homem". Assim, a burguesia consolida-se perante a nobreza como a nova classe dominante. É interessante observar que a mesma burguesia, que valorizara o trabalho, volta a requalificar os seus valores. Com a divisão social do trabalho cada vez mais aprofundada sob o capitalismo, o trabalho "manual" é novamente desqualificado em detrimento do trabalho "intelectual". Operários e burgueses distanciam-se pelo domínio da ciência.

Um dos objetivos da educação para o capital é a qualificação da força de trabalho através de uma alocação diferencial do saber. Assim, a prática educacional sob o capitalismo aparece em dois níveis: no interior do processo de produção imediata, visando à qualificação técnica, e nas funções hegemônicas ideológicas, ambos ocorrendo num mesmo movimento. A educação contribuiria, assim, para a divisão social do trabalho capitalista, através do processo de qualificação e desqualificação do trabalhador.

O filósofo marxista francês Althusser (2012) analisou, nos anos 1970, a escola como o principal aparelho ideológico das classes dominantes, pois as crianças seriam inculcadas pela ideologia dessas classes, via transmissão de conteúdo ou pelas práticas escolares. Essa análise, problemática em certos aspectos, mas fundamental em outros, tornou-se ponto de partida para as chamadas "Teorias da Reprodução", de grande importância para o desenvolvimento de uma visão crítica do papel da educação. Por ela, a escola deixava de ser consenso universal para inserir-se no mundo dos interesses de classes no capitalismo. Também o político marxista

Antonio Gramsci analisou a escola na perspectiva da sociedade de classes, interessando-lhe a disputa hegemônica na perspectiva das classes exploradas pelo capitalismo. Para o pensador, a escola aparece como local de disputa, de interesses de classes.

Neste novo século continua-se a necessidade de compreender o movimento do capital, com suas contradições, para a compreensão do processo escolar. E a escola, nessa perspectiva, permanece com a perspectiva de preparação de força de trabalho, repasse do conhecimento dentro dos marcos ideológicos necessários a esse sistema, e pesquisa acadêmica necessária ao capital.

Porém, sabe-se que as relações sociais transcendem as necessidades do capital e mostram suas contradições. Por isso, a escola, em vez de ser apenas um instrumento de reprodução de relações sociais capitalista, vive, constantemente, um processo de disputa de interesses de classes. Pode-se dizer que na sociedade "circulam" ideologias, travando um "conflito de interesses". No campo ideológico, os capitalistas procuram impor suas ideias e, diga-se, com bastante sucesso, buscando "dominar" as consciências para que todos aceitem um sistema excludente como o capitalismo. Quando existe a aceitação dessas ideias, existe paralelamente um consenso social, traduzido na escola, através de leis, conteúdos escolares, código linguístico e formas de aprendizagem próprios para as classes dominantes. Assim, é necessário que o discurso da educação como panaceia seja visto de forma crítica, pois isso tem servido a interesses determinados para a reprodução do capital globalizado.

Também torna-se necessário não ver a educação como um fator de inclusão no capitalismo internacional, como muitas vezes os órgãos internacionais do capital, como o BID, Banco Mundial ou FMI, respaldados pela grande imprensa, procuram convencer os gestores educacionais, pois esse modelo competitivo é excludente, não interessando a um projeto educacional que vise a construir uma sociedade emancipada.

Somente direcionada para os interesses das classes trabalhadoras, a educação não será apenas uma forma de adestramento do trabalhador. A educação deve ser uma possibilidade real de construir uma sociedade, na qual o conhecimento e a cultura sejam, de fato, um direito do trabalhador, para que estes possam construir uma nova sociedade. E que os conteúdos, a forma de financiamento e a proporção de recursos aplicados em cada nível de ensino sejam uma discussão ampliada envolvendo, principalmente, o conjunto dos trabalhadores urbanos ou do campo.

Apesar da hegemonia conservadora, parte das sociedades, principalmente aquela parte vinculada a esquerda classista política, continua a organizar-se para lutar por uma educação que incorpore princípios emancipadores, ou seja, uma escola que seja unitária, que supere as dicotomias entre o técnico, o político e as humanidades; que supere a divisão entre teoria e prática, buscando uma escola na qual o conhecimento do mundo da produção seja um processo de emancipação social e não uma necessidade de reprodução do capital. Lutam para que o trabalho seja visto como um princípio educativo e não como um adestramento da força de trabalho, querendo que seja superada a dicotomia entre ensino propedêutico e profissionalizante.

Assim sendo, a escola do trabalho é a escola que interessa a um processo emancipador. Mas pode o trabalho ser um princípio educativo criativo? Muitos dirão que não, pois o trabalho na nossa sociedade é sinônimo de ganha-pão, alienação, exploração e outros "ãos" nada positivos. Todos sabemos da luta histórica dos trabalhadores para diminuir a jornada de trabalho, para instituir férias ou dias de descanso remunerado. Então, como levar o trabalho para dentro da escola? Infelizmente, a escola atual já é diretamente ligada não ao mundo do trabalho, mas sim ao mercado capitalista de trabalho. Pergunte às pessoas ou aos pais das crianças a importância da educação e observarão que grande parte fará ligação imediata ao "mercado de trabalho". Uns responderão que sem estudo não conseguirão um bom emprego, outros que querem vencer na vida, e para tanto é necessário um diploma. Diz a ideologia atual que mesmo para as profissões mais desqualificadas é necessário um diploma. E hoje assistimos ao discurso da flexibilidade, da empregabilidade, da produtividade e do individualismo no mundo do trabalho, e sua tentativa de transferir essas ideologias para a escola, apesar de sabermos que educação não cria emprego – e nem é o seu papel social. A educação hoje já está ligada ao mercado de trabalho capitalista.

No inverso, o trabalho apresenta outra face, e é essa que deve ser debatida como um princípio educativo, apesar de deixar claro que esse processo faz parte da totalidade das relações sociais. O trabalho é um processo de mediação entre os seres humanos e a natureza. Pelo trabalho o ser humano constrói-se historicamente. É através dele que garantimos a nossa sobrevivência, a produção dos alimentos, a habitação, vestuário etc. Para além da sobrevivência, o ser humano desenvolve a ciência e a técnica e busca conforto, lazer e liberdade. Essas necessidades estão presentes nas relações de trabalho. É lógico que não estamos tratando da "ética moralista" do trabalho, nem fazendo nenhuma apologia ao trabalho capitalista, pois ele violenta as condições do fazer criativo e necessário. Mas do trabalho enquanto manifestação humana, enquanto o agir dos seres humanos, construindo novas relações que, inclusive, podem nos livrar dos trabalhos pesados e fatigantes e diminuir o tempo socialmente necessário de trabalho humano.

Não se precisa inventar a roda, pois essas questões são produzidas pelos seres humanos no dia-a-dia, mas são mascaradas pelas classes dominantes que nos impõem um tipo de saber e conhecimento que não nos interessa enquanto seres que buscam a emancipação pelo trabalho humano. Em contraposição à divisão de trabalho capitalista precisa-se acabar com a divisão entre escolas técnicas e escolas de formação geral e científica. Assim, deve-se criticar radicalmente o projeto elitista e diferenciador do ensino capitalista. É nesse sentido que os trabalhadores devem ser ousados em termos educativos buscando não apenas ampliar a educação existente. É necessário buscar uma educação radicalmente fundada em novas relações sociais, praticando a concepção politécnica e unitária de escola, almejando a união do trabalho produtivo e criativo com o ensino geral, com as artes e a política. Essas são condições para o exercício da cidadania.

Educação não pode ser vista como investimento. Educação é um ato político e social de construção cultural de nossa juventude. É um direito dos jovens conhecer o que o trabalho humano, o pensar e o agir já construíram. É também um direito de refletir criticamente sobre a forma como esse trabalho, esse pensar e esse agir se dão em nossa sociedade. Vivemos em um mundo que o trabalho e a educação estão regidos pela "batuta" do capital. Entretanto, essas relações são contraditórias, e do ventre dessas contradições reais e concretas, pode-se criar o novo.

No campo da esquerda não há dúvidas de que não se constrói outra sociedade sem significativos investimentos na educação escolar, mesmo tendo clareza de que a escola não é uma instituição neutra e que deve ser disputada. Se nessa disputa o conformismo pode dominar, a contradição presente na escola e na sociedade carrega consigo a semente da contradição e, assim, na escola, mais que na família e nos meios de comunicação, setores populares podem tomar conhecimento, de modo sistematizado, do saber acumulado, da possibilidade de desenvolver a aprendizagem social. E compreendendo as contradições, podem criticar e produzir novos conhecimentos. Ampliam sua sociabilidade além da educação recebida na família e nos seus meios mais próximos de convivência. Pode-se afirmar que a luta pela democratização ampla da educação é uma das maiores e mais importantes lutas sociais, compreendendo-a como participante da luta de classes.

É no sentido da contradição e da luta que movimentos sociais, nas últimas décadas, passaram a reivindicar escolas para suas crianças, seus jovens e seus adultos. O MST teve um importante papel ao "ocupar" escolas e, desde os seus primórdios, ocupar-se da educação de forma ampliada. O mesmo aconteceu com o movimento zapatista. Porém, escolas vinculadas aos movimentos, quando não são dirigidas para formação política, sofrem as mesmas contradições citadas anteriormente. E nem poderia ser diferente.

No caminho escolhido por ambos, as diferenças também irão se manifestar. O MST procurou a legalidade e a institucionalidade e, corretamente, exigiu que os direitos constitucionais de oferecimento para todas as crianças fossem cumpridos. Os problemas com prefeituras e governos dos estados começaram a transparecer. A ampliação para a educação superior e mesmo para cursos de pós-graduação aproximou o movimento das universidades. Todo esse processo trouxe importantes processos de escolarização aos assentados, principalmente suas lideranças, mas também trouxe a institucionalização da educação do Movimento Sem Terra. O Zapatismo, ao contrário e apesar dos acordos governamentais feitos para a oferta de escolas para os municípios autônomos zapatistas, procuram manter sua independência e autonomia frente aos poderes constituídos. Como acontece a educação nesses movimentos?

Marx, Engels e a autonomia educacional

Para situarmos a formação de Marx acerca do Estado, devemos retomar Hegel, germe do pensamento moderno e motivo de críticas e influências em Marx. Para ele, o indivíduo torna-se um ser histórico, e o trabalho mediaria a apropriação das coisas, conduzindo, pelo contrato, ao aparecimento do Direito. As relações entre os indivíduos constituem a moral. Direito e moral conflitam-se, pois o proprietário necessita ampliar suas propriedades, espoliando outros proprietários. É a contradição que sintetiza-se na ética, representada, em dois momentos, pela família e pela sociedade civil. A família, com interesses próprios, deve submeter-se à sociedade civil através do direito público e privado. Porém, a sociedade civil é constituída por classes sociais em conflito. O Estado sintetizaria essa unidade final, pois não possuindo interesses particulares, harmonizaria os interesses gerais. O Estado representando interesses da comunidade universal sintetizaria o espírito absoluto e traria em si o fim da história.

A essa versão positiva do estado, Marx centrará suas críticas à filosofia hegeliana. Pois Marx via nesta a materialização não de interesses gerais, mas de interesses de classes sociais contraditórias. Para ele, o Estado significava um instrumento de classe e, numa sociedade sem classes, este não necessitaria existir, pelo menos como o conhecemos, ou seja, o Estado político que gerencia os interesse de classes.

O conceito de classes sociais torna-se fundamental no pensamento marxista. Diferente de Hegel, Marx analisava esses interesses como contraditórios e inconciliáveis. A luta de classes seria o motor da história e, a superação dessa contradição somente viria com o fim das classes sociais, através da organização da classe trabalhadora, que seria a vanguarda na superação do capitalismo, pois seria a classe diretamente explorada pela classe burguesa.

Mas para Marx seria necessário que os trabalhadores tomassem o controle do Estado e implementassem um governo dos trabalhadores ou a "ditadura do proletariado". Essa tomada de poder também representaria o início do fim das classes sociais e do próprio Estado como órgão representativo dos interesses políticos dominantes, já que haveria o definhamento dos mesmos na construção da sociedade comunista. Ressalte-se que Marx não fazia a defesa de um Estado máximo ou mínimo, mas defendia o Estado dos trabalhadores no socialismo, e previa o fim do Estado como este se constituiu nas sociedades de classes no comunismo, já que nesse estágio humano não mais existiriam as classes. Nas palavras de Engels, esse Estado "iria para o museu junto com a roca de fiar".

Porém, os trabalhadores se encontravam em um dilema concreto: se o Estado representa os interesses da burguesia e os trabalhadores não possuem recursos para sustentar suas escolas, como resolver esse dilema? Marx defenderá em uma reunião da I Internacional, no Congresso da Basileia de 1869, que se deve partir do concreto e que o ensino poderá ser estatal sem estar sob controle do governo. Para ele, o governo não poderia se imiscuir diretamente nas escolas. Dessa maneira, defende que o Estado mantenha, mas não possua o controle sobre as escolas (Menezes Neto, 2003). Marx e Engels irão defender que:

> Uma educação do povo pelo Estado é algo absolutamente condenável. Determinar através de uma lei geral os recursos para as escolas primárias, os atributos exigidos do pessoal docente, as disciplinas ensinadas [...] é absolutamente diferente do que fazer do Estado o educador do povo! Mais do que isso, é preciso banir da escola, do mesmo modo, toda a influência do governo

e da Igreja. [...] Ao contrário, é o Estado que deve ser educado pelo povo" (MARX e ENGELS,1972).

Portanto, encontramos em Marx e Engels uma defesa da escola autônoma em relação ao estado, o que seria próxima das escolas Zapatistas. Ao mesmo tempo, eles defendem que o estado deve manter economicamente, apesar de a autonomia ficar sob controle dos trabalhadores. Neste ponto, as escolas do MST estariam mais próximas do pensamento de Marx e Engels.

A Educação em Mariátegui

No campo da educação escolar, Mariátegui apresenta algumas das discussões da tradição iluminista, como o direito de todos à escola, mas também apresenta outras discussões fora desse contexto, buscando um recorte latino-americano de uma escola que rompa com o racionalismo burguês. Por exemplo, Mariátegui questiona o conceito de escola laica, colocando-a dentro da tradição racionalista e da política europeia, e defende que teríamos de pensar outra escola, em outra realidade e que fosse apropriada ao socialismo.

Nessa discussão encontramos um rompimento de Mariátegui com a escola "positivista e racional", pois ele defenderá que a instituição escola deve incorporar valores para além desse racionalismo. Dirá que essa escola serviu e serve à sociedade burguesa, mas não aos anseios de saber, felicidade e construção do novo homem socialista.

Mariátegui viveu um período em que a capital peruana, Lima, estava sacudida por grandes manifestações e debates estudantis desde o ano de 1919, período em que Mariátegui é exilado. Esses debates permanecerão por um longo período, principalmente na Universidade de San Marco. Havia um acalorado debate nacional no sentido de realizar uma reforma educativa, trocando a influência francesa, mais humanística, pela educação americana, mais pragmática e positivista. Porém, estudantes de esquerda queriam uma educação de cunho popular, baseada na Reforma de Córdoba, na Argentina. As diversas manifestações fizeram com que a universidade cedesse em diversos pontos, como a cátedra livre, bolsas de estudos, concursos públicos, participação dos estudantes na gestão etc. Mariátegui chegou a se inscrever como ouvinte em algumas disciplinas da Universidade Católica, mas não concluiu (PERICÁS, 2007).

Mariátegui defendia que o problema educacional deveria ser visto dentro da ótica econômica e social. Assim, dizia que o ensino no capitalismo, independente de "moderno ou conservador", seria dominado pelos interesses da economia burguesa e que as discussões centradas em métodos eram inócuas. Assim, para ele não existia liberdade de ensino sob o capitalismo, pois as reformas modernas eram ditadas pelas necessidades do "industrialismo". Diz que a sociedade capitalista fez do homem um escravo das máquinas e que as escolas formavam mais técnicos do que ideólogos. Assim, os intelectuais não souberam fazer o equilíbrio entre o moral e o material, e a simples defesa da educação pública, gratuita e laica seria pouco efetiva para as classes populares (MARIÁTEGUI, 2001).

Dizia que as sociedades classistas expulsam as crianças pobres e as classes burguesas chegam à universidade com o manto da meritocracia. Como alternativa, defende a "Escola Única": "A ideia da escola única não é, como a idéia da escola laica, de inspiração essencialmente política. Suas raízes, suas origens, seriam absolutamente sociais" (MARIÁTEGUI, 2001, p. 49).

Porém, Mariátegui acreditava que a Escola Única seria impossível no capitalismo, um sistema que continuaria a excluir os

pobres. Mas isto não o levaria a uma posição de imobilismo, pois, mesmo denunciando o caráter reprodutor da escola, ele participava das lutas políticas acreditando que as contradições do sistema levariam à superação do capitalismo. Dessa forma, ele defendia a construção de novas relações sociais e novas relações educativas
Para ele, a Escola Única emancipadora teria de ser a Escola do Trabalho, dentro da tradição socialista. Cita, inclusive, Lunatcharski e a educação na Rússia/União Soviética, como exemplos da Escola do Trabalho. Assim, defende o ensino articulado ao trabalho como a escola que teria sentido para os trabalhadores, ao mesmo tempo em que critica as escolas técnicas capitalistas: "O Estado capitalista limitou-se (...) a incorporar no ensino fundamental – ensino classista – o "trabalho manual educativo" (Mariátegui, 2001, p. 123).

Mariátegui faz alguns questionamentos que são instigantes. Por exemplo, diz que não existe novidade nenhuma na defesa da escola pública e laica. Isso porque, diz, essa é uma bandeira de todos, inclusive da burguesia, e serve a todos os interesses. Assim, a sociedade que se vai construir para o socialismo deve repensar e criar uma escola que ultrapasse essas propostas e seja uma escola que supere os cânones racionalistas burgueses:

> A "educação gratuita, laica e obrigatória" é uma receita do velho ideário democrático-liberal-burguês. Todos os radicais liberais latino-americanos colocaram em seus programas. Intrinsecamente, este princípio não tem, pois nenhum sentido inovador, nenhum potencial revolucionário (MARIÁTEGUI, 1975, p. 18).

Como Mariátegui considera que o liberalismo não apresenta mais contribuições, defende que se ultrapasse essas reivindicações. E aqui é interessante observarmos a crítica da laicidade que

Mariátegui formula. Isso porque, para ele, laicidade significava uma escola "neutra", racional, científica, longe das concepções religiosas. E o revolucionário peruano não acredita nesta neutralidade da escola. Dessa forma, mesmo se considerando um político marxista anti-utópico e marxista, Mariátegui resgata sua visão de mundo que supere o racionalismo e a laicidade. Para ele, esses pontos não responderiam às inquietações humanas e nem a "necessidade de absoluto" que todos temos:

> Não responde a nenhuma das grandes interrogações do espírito. Serve para formar uma humanidade presa ao trabalho, medíocre e cordata. Educa para cultuar mitos que naufragam na ressaca contemporânea: os mitos da democracia, do progresso, da evolução etc. (MARIÁTEGUI, 1975, p. 21).

É interessante observar como Mariátegui liga a defesa da escola laica aos princípios liberais do mito da racionalidade neutra. Mas o que proporia Mariátegui? Resgato a discussão inicial realizada por Lowy, que considera Mariátegui um representante do "romantismo anticapitalista" latino-americano. Esta seria uma das grandes contribuições de Mariátegui ao marxismo (que ele nunca abandona):

> A escola laica e burguesa não é a finalidade e o ideal da juventude que possui em um vigoroso desejo de renovação. O laicismo, em si, é uma proposta pobre. Na Rússia e no México, em todos os países que se transformam material e espiritualmente, a virtude renovadora da escola não reside em seu caráter laico, mas sim em seu espírito revolucionário. A revolução deve conferir

à escola seu mito, sua emoção, seu misticismo e sua religiosidade (MARIÁTEGUI, 1975, p.23).

Cada país e cada realidade devem procurar criar e desenvolver a educação mais adequada para essa educação socialista, que supere a educação burguesa e contemple o conhecimento, a ciência, as artes e o espírito.

Discutindo as universidades, Mariátegui defende a constituição das universidades livres e populares. Ele próprio, um intelectual sem educação formal, começou a lecionar em uma delas, a Universidade Popular Gonzáles Prada de Lima, onde ministrou dezoito palestras versando sobre o socialismo e revolução. De acordo com Pericás:

> Nas universidades populares, seu intuito era a conscientização ideológica. Na ocasião, tentaria mostrar aos trabalhadores as limitações das concepções anarquistas, criticaria o anticlericalismo, a imprensa do país e a falta de bons professores de nível superior e de grupos sindicalistas e socialistas que fossem donos de instrumentos próprios de cultura popular e aptos, portanto, para criar no povo interesse no estudo da crise. Tentaria também, ganhar seu público para uma interpretação marxista da história do Peru e para a causa socialista. (...) Para Mariátegui as universidades populares não deveriam ser vistas como instituto de extensão universitários agnósticos e incolores, tampouco apenas escolas noturnas para trabalhadores (PERICÁS, 2007, p. 27).

Mariátegui considerava as universidades formais muito elitistas e burguesas, pois o jovem oriundo das classes proletárias teria direito apenas à instrução elementar, enquanto que a universidade seria reservada ao jovem burguês. Essa seria uma seleção social, o que jogaria por terra a tese liberal da meritocracia:

> O objetivo das universidades parecia ser, principalmente, o de prover doutores e rábulas para a classe dominante. O desenvolvimento incipiente e o mísero alcance da educação pública fechavam os graus superiores para as classes pobres. (...) As universidades açambarcadas intelectual e materialmente por uma casta desprovida do impulso criador não podiam nem mesmo aspirar a uma função mais alta de formação e seleção de capacidades. Sua burocratização as conduzia, de modo fatal, ao empobrecimento espiritual e científico (MARIÁTEGUI, 2008, p.136).

Desacreditava na reforma universitária nos moldes liberais, defende que as inovações devem surgem dos professores do ensino básico, que vivem as contradições sociais, econômicas e políticas do dia a dia e, consequentemente, vivem as contradições de um sistema educativo que não contempla os interesses das classes trabalhadoras. Assim, diz que os professores do ensino fundamental deveriam ir para universidade não para se aburguesar, mas para revolucionar. Essa seria a possibilidade de se construir uma outra universidade. Também defendia o associativismo sindical dos professores para a reorganização sobre novas bases da educação. Diz:

> Para que os educadores possam reorganizar-se para uma nova escola, é necessário que sejam como um sindicato, que se movam como um sindicato, que funcionem como um sindicato. Precisam compreender a solidariedade

histórica de sua corporação com outras corporações de trabalhadores para que se organizem sobre bases novas e nova organização social (MARIÁTEGUI, 1975, p. 50).

Mariátegui também debaterá o "fator religioso", dizendo que no tempo inca, Igreja e Estado não se separavam, sendo a religião panteísta, um código moral que regia as sociedades. Estas se pendiam mais para a cooperação do que para a guerra. O confronto com o catolicismo não acontecerá nas guerras de conquista, mas nas políticas da consolidação da colônia. Essa questão é fundamental na discussão do processo educativo, considerando que Mariátegui questionará a defesa do caráter laico das escolas, e na sua discussão acerca da questão religiosa encontramos alguns indícios dessa defesa. Saliente-se, porém, que Mariátegui não defenderá uma escola vinculada às igrejas e determinadas religiões, mas uma escola socialista que ultrapasse o racionalismo burguês.

Assim, observa que, historicamente, os índios passam a encontrar nas igrejas apoio contra as investidas coloniais e a conversão foi facilitada. Segundo Mariátegui, o catolicismo impôs as liturgias adequadas aos costumes indígenas. Dessa forma, o paganismo indígena conseguiu sobreviver, mesmo sob o domínio católico, criando um importe e criativo movimento próprio latino-americano.

Dessa forma, percebemos que a questão religiosa é dúbia, quando se trata de um posicionamento político e social. Se, hegemonicamente, encontramos nas igrejas um viés fortemente conservador, a fé religiosa pode carregar um caráter contestatório e utópico, fundamentais na construção de novas e solidárias relações sociais e educativas socialistas.

Também é importante salientar que o socialismo e as religiões de cunho político popular carregam várias singularidades próximas, como as críticas ao individualismo e a crença em um novo mundo. E, na parte filosófica, rompem com as análises, que separam inteiramente o materialismo e o idealismo. Como diz Lowy (1991, p.111):

> O que conta é o que se passa na realidade. Ora, os cristãos marxistas existem: trata-se de um fato social e político inegável. Não apenas eles existem, mas seguidamente trazem à vanguarda revolucionária uma sensibilidade moral, uma experiência de trabalho popular de base, e uma exigência utópica que não podem senão enriquecê-la.

É importante nesta análise destacar a formação da consciência coletiva, que seria a apropriação subjetiva da realidade objetiva dentro de determinadas condições históricas e sociais. Para a compreensão da formação da consciência coletiva, devemos compreender a totalidade social e, nesta, o papel da religião, da fé religiosa e a importância destas no desenvolvimento da ética e da moral dos grupos e classes sociais. Essas questões poderiam ser recriadas no contexto escolar.

José Carlos Mariátegui, sem dúvidas, é uma exponencial figura na história do marxismo e, especificamente, do marxismo latino-americano. Sem abandonar os ideais comunistas, o Partido Comunista, o sindicalismo, a participação nas discussões e disputas do movimento comunista internacional, o apoio à jovem e revolucionária União Soviética e os ideais revolucionários, ele procurará adaptar uma leitura do marxismo à realidade latino-americana.

Nesse sentido, e principalmente em uma época em que as teorias eram transpostas da Europa para todos os lugares, sua contribuição é fundamental. Agrega as discussões da terra, do índio, da religião, da literatura, das artes, da educação e do regionalismo e centralismo às discussões clássicas do marxismo e da revolução. Unifica sentimento e razão, e nesse sentido a análise de Lowy, apresentando um Mariátegui romântico revolucionário, que questiona a racionalidade burguesa e que traz a fé como um dos impulsionadores da ação humana, pode ser aplicada às análises da educação que o político peruano realiza.

Mesmo envolvido em todas as discussões do "socialismo científico", numa época em que a ciência era apresentada como uma panaceia, ele discorre sobre temas fundamentais, dizendo ser necessária uma escola que dê resposta para as nossas necessidades do absoluto e do espírito.

Mas essa nova escola não seria uma idealização. Mariátegui discute e defende a Escola do Trabalho como a concepção socialista de escola. Não do trabalho alienado, que prepara jovens para o mercado de trabalho capitalista, frisa Mariátegui, mas para a emancipação humana, na qual teoria e prática, vida moral e material, produção e arte, corpo e espírito estivessem presentes.

As obras e a vida de Mariátegui servem para a reflexão sobre a educação numa época em que o conformismo é a tônica. No seu positivo radicalismo, Mariátegui quer ir além da defesa da "escola pública, gratuita e laica". Quer a escola socialista, a Escola do Trabalho, e uma escola que tenha sentido para a vida material e espiritual.

> Essas questões que Mariátegui traz no debate acerca de uma nova educação que represente os interesses de uma nova sociedade socialista são fundamentais no debate atual acerca da de qual educação interessa aos trabalhadores. Assim, com o caráter inovador de buscar ultrapassar a escola de direitos liberais e iluminista,

ele incorpora elementos socialistas no processo escolar que defende. Dessa forma, podemos refletir se os movimentos sociais que possuem escolas sob o seu controle, no caso o MST e os zapatistas, também buscam ultrapassar a escola de direitos iluministas.

Educação no MST

O MST inovou, e muito, quando trouxe a questão do direito à educação para a cena política. Desde sua fundação, o MST já discutia a educação e a escola. Em 1987, cerca de três anos após a fundação do MST, o Setor de Educação já era realidade. É interessante observar que o MST enfrentou problemas na luta pela reforma agrária em seus primeiros tempos, principalmente ao fim do governo Sarney e no governo Collor, para ressurgir com força no período Fernando Henrique. Porém, mesmo nos períodos de "descenso das lutas pela reforma agrária", o Setor de Educação se organizava nacionalmente. Nesse período foi organizado o "Coletivo Nacional de Educação" e a elaboração de materiais didáticos.

Desde então, o Setor de Educação, com todas as dificuldades, ganhou corpo, talvez até mais do que a luta pela reforma agrária. Mas a organização do Setor de Educação nos períodos de "baixa" da luta pela reforma agrária, como no período Collor e neste novo século, pode ser um demonstrativo de "deslocamento" das lutas concretas pela terra para as lutas mais institucionalizadas da educação.

O Movimento Sem Terra implementou, inicialmente, escolas com financiamento das próprias cooperativas, como no caso do Instituto Josué de Castro, no Rio Grande do Sul. As cooperativas contribuíam com uma porcentagem de seu lucro para que o movimento mantivesse as escolas. Essa política, importante para a autonomia do movimento, recebeu diversas denúncias na grande imprensa, nas quais acusavam o MST de usar o dinheiro de suas cooperativas, que muitas vezes advinha de financiamento público na sua gênese, para financiar sua luta. Era um período de acirramento entre a imprensa e o MST que, a despeito dessas denúncias, continuava com sua prática política e educacional. Mas essa política era limitada e, para ampliar sua rede de escolarização para todos os assentamentos, necessitava de uma política ampla, de um investimento público direto nas escolas de assentamento. Portanto, passaram a cobrar dos poderes instituídos que escolas fossem oferecidas para os filhos de assentados e para os próprios assentados, já que o analfabetismo adulto era muito grande. Para tanto, baseiam-se na Constituição do Brasil, de 1988, que diz que o Estado deve oferecer escola para todas as crianças e jovens até os 14 anos.

Em certo ponto, essa foi à luta inicial do MST, que produzia seu próprio material didático, exigia o controle da comunidade sobre as escolas e exigia o financiamento público. Procurava debater o trabalho como princípio educativo em suas produções didáticas. Mesmo em suas escolas, como na Josué de Castro, passa a cobrar que se tenha financiamento dos poderes instituídos. Ou seja, mantinha algumas escolas autônomas, mas exigiam do poder público a implementação de escolas de acordo com as necessidades dos assentados e de acordo com a Constituição.

Mantinha sua autonomia sem abrir mão de lutar pelos recursos públicos. Essa será a marca da política educacional do MST nos anos 1990, período em que o movimento foi muito ativo e fez oposição ao governo de Fernando Henrique Cardoso. Num segundo momento, já no novo século, o MST vê suas demandas por educação aumentarem ao mesmo tempo em que a luta pela reforma agrária perde fôlego na sociedade.

Os projetos educativos do movimento são diversificados de acordo com a capacidade de intervenção do MST ou da possibilidade de inserção institucional do movimento. Mas, naqueles projetos em que o MST tem maior capacidade de intervenção, os princípios políticos transparecem com maior clareza nos princípios pedagógicos. Dessa maneira, o alimento saudável e a agroecologia, com a crítica ao agronegócio, estão sendo objeto pedagógico nas escolas do movimento nos últimos anos, perfilando as atuais demandas políticas do MST com as suas políticas educativas.

Mas a escola, em qualquer nível, deve manter relação com os movimentos sociais, mas não pode ser pautada pelas análises desses movimentos. Na relação com o processo educativo, a escola não pode se furtar de conhecer o avanço científico e tecnológico produzido pela sociedade. Assim, a escola deve também debater, tomar posição política em seus programas de curso, lutar para definir qual ciência e qual tecnologia devem ser usadas, qual interessa ao trabalhador ou ao capital, não desvinculando o desenvolvimento científico das demandas e lutas sociais e políticas. A escola, através de seus agentes e da discussão ampliada socialmente, deve escolher qual o projeto pedagógico e político que interessa para a construção de uma sociedade emancipada. Porém, não pode perder de vista que muitos desses avanços científicos, que hoje são apropriados pelos setores dominantes, são conquistas humanas.

A seguir, apresentaremos, sucintamente, alguns dos investimentos educativos do MST na educação, deixando claro que há um dinamismo e diversos processos não citados. Começaremos pelo atual Instituto Josué de Castro, uma das primeiras escolas do MST.

O Instituto Educacional Josué de Castro (IEJC) está localizado no município serrano de Veranópolis, no Rio Grande do Sul. Os cursos possuem estatuto legal, tendo o MST, por meio inicialmente do Iterra e da e pela Confederação das Cooperativas de Reforma Agrária do Brasil (Concrab),[1] como o responsável econômico, político e pedagógico. Porém, desde maio de 2008, sua manutenção foi transferida para o Instituto de Pesquisa e Educação do Campo (IPE Campo). Até os anos e 2010, o IEJC já havia recebido mais de 2000 alunos. De acordo como uma das coordenadoras pedagógicas,

> Foram 1.421 formandos, nos cursos de ensino médio e profissionalizante, nas áreas de Saúde, Cooperativismo, no curso Normal, Educação de Jovens e Adultos, e na qualificação em Agentes de Desenvolvimento Cultural e Rádios Comunitárias. Outros tipos de curso também são realizados na escola, alguns em parcerias com universidades, como o curso de Licenciatura em Educação do Campo, com a UnB, o curso de Pedagogia da Terra, em convênio com a Universidade Estadual do Rio Grande do Sul, o curso de Especialização "Ensino Ciências Humanas e Sociais em Escolas do Campo", em parceria com a Universidade Federal de Santa Catarina e o Curso de Proeja Contabilidade, em parceria com o Instituto Federal de Educação, Ciência e Tecnologia do Rio

---

1   O Iterra foi criado em 12 de janeiro de 1995, em Veranópolis/RS, para ser a mantenedora do curso Técnico em Administração em Cooperativas (TAC). São sócios-fundadores a Concrab e a Associação Nacional de Cooperação Agrícola (Anca).

Grande do Sul. No total passaram pela escola 2.752 educandos.[2]

O IEJC promove cursos médios, dentre eles o "Técnico em Administração de Cooperativas (TAC)". Promove também cursos supletivos para o ensino fundamental, pesquisa na área da reforma agrária e educação popular, cursos de panificação, laticínios e embutidos, arquivo sobre a reforma agrária, intercâmbio de experiências e seminários, palestras e debates.[3]

O TAC surgiu em 1993, tendo como base o Laboratório de Curso (Ofoc) dirigido pelo professor Clodomir Santos de Moraes,[4] no município de Braga, também no Rio Grande do Sul, tendo sido transferida para Veranópolis, em 1995, onde ficou em fase de transição até 1997. No dia 24 de outubro de 1997, ocorreu a implantação definitiva. Recebe alunos de todo o Brasil, sendo que a maioria é proveniente do Sul do Brasil e indicados pelo MST.

Hoje, de acordo com a coordenadora pedagógica,[5]

> O término da turma 11 nos levou a reconsiderar o processo de formação desenvolvida no curso. Avaliamos que o curso TAC vivenciou profundamente as inflexões em relações às mudanças que ocorreram no movimento, e são estas interferências que mexem com o processo pedagógico do curso e da escola. Recebemos a avaliação do movimento que deveríamos especificar

---

2 DAROS, Diana."Entrevista". Disponível em: http://www.mst.org.br/jornal/308/entrevista. Acesso: em 26/11/2013.

3 Extraído de folder da escola Josué de Castro.

4 Para maiores detalhes, ver MORAES (1989).

5 DAROS, Diana. *Op. cit.*

mais a formação técnica. A partir dessa contribuição, o curso foi organizado com um período de formação específica em agroindústria, contabilidade e administração e cooperação. A participação dos educandos no eixo foi por indicação de sua base. Já para a turma 12, a partir das avaliações no movimento, da turma e da coordenação da escola, deixamos em dois eixos: agroindústria e contabilidade. A cooperação deverá perpassar todo o curso. O nosso acúmulo está então em não perder o rumo, mas apropriar as demandas de formação apontadas. Vemos muitos militantes que estudaram em nossa escola inseridos nas atividades políticas de condução do movimento; vemos aqueles que estão cuidando do aspecto econômico; aqueles que estão no assentamento implementando o processo organizativo, cuidando da produção na superação do modelo da monocultura e no uso dos agrotóxicos. O acúmulo da escola se dá na prática dos estudantes, que a partir do curso e de sua inserção, podem ter uma prática coerente.[6]

Os alunos, no período em que frequentam o TAC, devem "militar" no MST, não deixando de participar das mobilizações realizadas pelo movimento. Conforme informações da direção da escola, essa participação é parte do processo pedagógico.

O IEJC foi um Instituto mantido de forma autônoma pelo MST, através de seu sistema cooperativo. Porém, as mudanças políticas e as dificuldades inerentes ao processo de manter uma escola,

---

6   DAROS, Diana."Entrevista". Disponível em: http://www.mst.org.br/jornal/308/entrevista. Acesso: em 26/11/2013..

fizeram com que o Movimento Sem Terra reivindicasse o financiamento estatal. Esse financiamento foi implementado, principalmente, no governo estadual de Olívio Dutra (1999-2003), do PT gaúcho. Esse apoio, apesar de ser legal e necessário, rendeu grandes debates políticos, com a oposição de direita pedindo, sem sucesso, impeachment do governador, sob a alegação de que estaria financiando escolas "particulares". Registre-se que, hoje, essa escola abriga, também, cursos superiores ministrados pelo MST.

Mas além dessa escola, o MST foi expandindo sua proposta educativa. Ainda na década de 1980, o MST foi conquistando uma grande rede de escolarização nos próprios assentamentos e passou por lutar, corretamente, pelo financiamento público. A escolarização apresentava-se como um direito e uma necessidade do MST, pois sendo um movimento composto por famílias quase sempre com crianças, a necessidade de viabilizar escolas para estas crianças era premente. Afinal, o processo de ocupação já era difícil, com as famílias morando debaixo de lonas pretas durante um tempo quase sempre superior a um ano, e a falta da escolarização para as crianças poderia ser um fator que afastaria os ocupantes. Portanto, além de um direito, as escolas de assentamento tornam-se necessárias à viabilização do processo primeiro da ocupação.

O Setor de Educação do MST, que foi fruto de um "encontro" de pessoas que trabalhavam nessa área, reunindo representantes de sete estados da Federação, foi criado em 1987, debatendo e buscando desenvolver projetos educativos específicos para escolas dos assentamentos do MST. Mais de 25 anos depois, o setor encontra-se – dentro de seus limites – consolidado e apresenta uma variedade muito grande de oferta educativa, desde a educação infantil, escolas de ensino fundamental e médio, cursos profissionalizantes, técnico em cooperativismo, cursos supletivos e convênios com universidades para formar assentados em cursos superiores, seja em pedagogia, licenciaturas ou outras áreas. Até mestrados e doutorados o MST implementa em conjunto com universidades. O Movimento também realiza campanhas de alfabetização nos assentamentos e promove cursos de capacitação profissional.

Grande parte dos recursos são provenientes do Programa Nacional de Educação na Reforma Agrária, o Pronera. Esse programa, uma conquista importante dos trabalhadores do campo ainda no governo Fernando Henrique, pois é de 1998, trouxe, por um lado, a possibilidade de avanços concretos na educação do campo. Financia prioritariamente formação de educadores para trabalharem na Educação de Jovens e Adultos (EJA), ensino médio e profissionalizante e superior. Portanto, é uma conquista na relação entre movimentos sociais e poder público.

Por outro lado, em um período em que os movimentos sociais encontram-se com dificuldades de mobilização política de suas bases, o MST aproximou-se das políticas de crédito dos governos federais petistas. Assim, o financiamento como política focalizada para os assentamentos trouxe uma maior aproximação do movimento com as políticas governamentais. Stédile ressalta a importância do Pronera para a educação nos assentamentos:

> Em convênio com o Pronera (Programa Nacional de Educação na Reforma Agrária), já formamos mais de 3 mil filhos de camponeses em cursos superiores. Temos atualmente mais de 3.500 frequentando universidades e mais de trezentos companheiros fazendo pós-graduação, mestrado e doutorado. Isso é um avanço para a nossa organização, porque nos demos conta de que o conhecimento é fundamental para você construir uma

sociedade democrática e, sobretudo, para resolver os problemas concretos. O MST investiu muito na educação da sua militância e da sua base.[7]

Tem-se de ressaltar as grandes conquistas do MST, neste novo século, no setor educacional. De acordo com o Silva, o MST apresenta os seguintes dados:

> Estudantes no MST beiram 300 mil pessoas, incluindo da educação infantil até a universidade, passando pela EJA, cursos profissionalizantes são cerca de 2 mil escolas públicas nos assentamentos e acampamentos (PNERA, 2004). Destas 2 mil escolas, 250 possuem até o ensino fundamental completo e apenas cinquenta até o ensino médio. As demais são até a 4ª série.
> – Atuam nessas escolas 10 mil professoras(es). Mais de 200 mil crianças e adolescentes Sem Terra estão estudando, cerca de 95% a partir de um currículo especial para jovens do campo. Mais de 250 Cirandas Infantis, espaços para a educação das crianças de zero a seis anos funcionam junto às cooperativas associações de produção nos assentamentos, acampamentos e cursos de formação. Escolas Itinerantes são escolas que andam junto com os acampamentos. No total, são 45 escolas, com mais de 350 educadores do movimento e mais de quatro mil educandos e educandas. Já passaram pelas Escolas Itinerantes mais de 10 mil crianças.

---

7   STÉDILE. João Pedro. "Líder do MST diz que melhor solução para o Senado é a extinção". Disponível em: http://noticias.uol.com.br/politica/2009/08/15/ult5773u2074.jhtm. Acesso em: 27/06/2012.

Temos parcerias com pelo menos cinquenta instituições de ensino, entre universidade e escolas técnicas. São aproximadamente cem turmas de cursos formais, num total de 4 mil estudantes jovens e adultos. Mais de 50 mil pessoas já aprenderam a ler e escrever no MST. Foram formados mais de 4 mil professores. Nos últimos anos, foi desencadeado um trabalho de alfabetização de jovens e adultos, que envolve a cada ano 2 mil educadores e mais de 28 mil educandos.[8]

Essa importante luta do MST pode, no entanto, servir para a institucionalização do seu Setor Educacional. Isso porque as políticas de educação do campo e os recursos do Pronera começam a ter uma gestão conjunta entre o governo, através do MEC e do Incra, e os movimentos sociais, que se tornam "parceiros do governo". Discutem a destinação dos recursos públicos, a forma de aplicação e até mesmo as didáticas a serem implementadas, mesmo que submetidos aos editais que retiram a organicidade das ações dos implicados diretamente.

No caso do ensino fundamental, essa aproximação com a institucionalidade torna-se problemática, pois muitas vezes o responsável pela escola é o prefeito que mantém uma política não amistosa com o MST. Quando a prefeitura é ocupada pelo PT, costuma-se ter uma boa relação, inclusive com indicação de cargos políticos para membros do MST, o que não deixa de ser outro problema para um movimento social que, em seus documentos e nas falas de seus dirigentes, procura se manter autônomo em relação aos governos instituídos.

---

8   SILVA, Mary Cardoso. "MST faz jornada de luta em defesa da educação e do Pronera". Disponível em: http://www.mst.org.br/jornal/294/destaque. Acesso em: 29/11/2013.

De todo modo, vê-se que as ações diretas empreendidas pelo MST e suas conquistas na educação fazem com que o movimento tenha de geri-las ainda no sistema capitalista. E isso, inegavelmente, apresenta-se como um problema, em que o movimento tem de aproximar-se dos créditos públicos, adequar-se às normas instituídas e indicar gestores para essas escolas públicas.

Para além das escolas infantis, fundamentais e médias, o MST investiu também em cursos superiores. A nova Lei de Diretrizes e Bases da Educação (LDB), de 1996, mudou o quadro educacional do Brasil, pois passou a exigir que, num período de 10 anos, portanto até 2006, todos os professores tivessem curso superior. O MST, diante desse novo quadro, passou a realizar convênios com universidades particulares e públicas, visando à formação superior de professores(as) para atuar nos assentamentos.

Tratando-se do ensino superior, o problema torna-se maior, pois universidades, públicas ou privadas, assumem, muitas vezes, os cursos em convênio com o MST. Ou seja, instituições de ensino superior assumem a formação de diversos profissionais para os assentamentos. Considerando a autonomia constitucional das universidades públicas, esse fato poderia ser visto como alvissareiro. Porém, os movimentos sociais do campo muitas vezes participam da própria gestão desses cursos, criando um problema de entrelaçamento entre as políticas governamentais, a autonomia universitária e as lutas dos movimentos sociais.

E essas políticas educativas nas universidades encontram apoio e facilidade na sua aprovação pelos governos. Qual o motivo? Podemos citar alguns: não demandam confronto explícito de classe com o agronegócio, pois estão nas universidades e não no confronto direto com o capitalismo no campo. Ou seja, não existe conflito direto com o agronegócio. São cursos de baixo custo, pois considera-se que as universidades já constituídas tornam-se as responsáveis pelos cursos, quase sempre à custa de sobre-trabalho para os professores e pouco investimento governamental. Assim, os governos incentivam dando modesto apoio financeiro através de algumas políticas de assistência do Incra e do MEC.

E, muitas vezes, temos a política pública de "cursos populares" para "estudantes populares", com baixo investimento governamental. E, por parte dos movimentos, corre-se o perigo de que eles, de certa forma, "centralizem" suas ações na educação, considerando que encontram maiores possibilidades de êxito aqui do que nas lutas contra o agronegócio e na luta pela reforma agrária. É uma luta com mais consenso social e com menos conflitos. Mas o problema é que a educação tem a importantíssima função de formar indivíduos e, sem uma política mais ampla para o campo, integrada em um grande projeto nacional, corre-se o risco de formar profissionais para um campo que, nesse modelo e a cada Censo,[9] perde população. Ou seja, que cada vez necessita de menos trabalhadores.

Um dos mais bem sucedidos investimentos educativos do MST, deu-se com a construção da Escola Nacional Florestan Fernandes.

---

9   Pesquisa realizada pelo IBGE de dez em dez anos e que sempre apresenta queda da população do campo.

A escola acima, também conhecida como "A Universidade dos Trabalhadores", é uma das mais importantes iniciativas na área da educação perpetrada por um movimento social e pelos trabalhadores.

Conheci a escola em agosto do ano de 2013 e, de acordo com minhas anotações do diário de campo, pude constatar a importância dela. No período em que lá estive, eram realizados cursos, há mais de três meses, com uma turma de alunos de diversos países latino-americanos. Também havia um debate sobre a América Latina com a presença da professora da Unam-México Ana Esther Ceceña e outros professores brasileiros. Essas atividades são rotineiras, e nesses períodos são abertas para visitações de apoiadores e alunos universitários. No mesmo período havia um encontro de professores universitários que apoiam o MST e uma reunião da direção nacional do MST. Não poderia deixar de ter atividades culturais e artísticas, feitas pelos próprios alunos, além de atividade festiva e uma ótima alimentação com produtos vindos, em sua maioria, de assentamentos. Portanto, nesse período vivenciei uma escola bem ativa e comprometida.

De acordo com o site da Associação dos Amigos da Escola (AENFF),[10] a escola fica localizada no município paulista de Guararema, a 70 quilômetros de São Paulo capital. Está em uma área de 120 mil metros quadrados e sua construção se deu com tijolos fabricados pelos próprios trabalhadores. Ainda de acordo com a AAENFF, a estrutura da escola é a seguinte:

Ao todo, são três salas de aula, que comportam juntas até 200 pessoas, um auditório, dois anfiteatros, uma biblioteca com 40 mil livros (obtidos por meio de doação), com espaço de leitura e ilha de edição. Além disso, a escola conta com quatro blocos de alojamento, refeitórios, lavanderia e casas destinadas aos assessores e às famílias de trabalhadores que residem na escola. Sua horta, pocilga e pomar produzem para consumo local. Para o lazer, oferece um campo de futebol gramado e uma quadra multiuso coberta.

Sua construção aconteceu entre os anos de 2000 e 2005, em um trabalho de mutirão que envolveu mais de mil trabalhadores. A construção se deu de forma voluntária e, já nesse processo, o educativo político apareceu, pois o trabalho voluntário foi uma forma de envolver as pessoas e mostrar o valor do trabalho criativo e com sentido social.

É uma escola aberta a diversos trabalhadores do Brasil, da América Latina e da África, sendo que em suas dependências já passaram mais de 16 mil trabalhadores de diversos países. Assim, mesmo sendo uma escola do MST, sua amplitude é bem maior. Ainda de acordo com a Associação dos Amigos da ENFF:

---

10   Associação dos Amigos da ENFF. Disponível em: http://amigosenff.org.br/site/node/5. Acesso em abril de 2014.

A escola oferececursos de nível superior, ministrados por mais de 500 professores, nas áreas de Filosofia Política, Teoria do Conhecimento, Sociologia Rural, Economia Política da Agricultura, História Social do Brasil, Conjuntura Internacional, Administração e Gestão Social, Educação do Campo e Estudos Latino--Americanos. Além disso, cursos de especialização, em convênio com outras universidades (por exemplo, Direito e Comunicação no campo).[11]

Possui convênio com mais de 35 universidades e oferece um mestrado em Questões Agrárias, em convênio com a Unesp e Unesco. Também possui convênio com outras escolas de outros países e com o Ministério da Educação de Cuba. A Escola também possui uma biblioteca com mais de 40 mil exemplares de livros.

De acordo com os diversos relatos, a escola não recebe recursos públicos governamentais. Os recursos financeiros para sua construção foram provenientes de pessoas, como o fotógrafo Sebastião Salgado, além do escritor José Saramago e de Chico Buarque. Também receberam apoio de algumas ONGs internacionais, como alemã Cáritas e a francesa Frères des Hommes. Hoje sobrevive com apoio de sindicatos, instituições diversas e contribuições voluntárias, como as dos Amigos da Escola.

O MST possui muitos projetos educativos, inclusive a conhecida Escola Itinerante. E essas escolas, se oferecem escolarização para pessoas que de outro modo teriam seu ciclo estudantil bem restrito, passam por um processo de institucionalização de suas ações. Ou seja, escolas demandam negociação, conformidade com

---

11   Associação dos Amigos da ENFF. Disponível em: http://amigosenff.org.br/site/node/5. Acesso em abril de 2014.

leis, recursos, material didático, deslocamento, alojamento e alimentação. Claro que essas questões são direitos e conquistas fundamentais dos trabalhadores do campo, mas não acontecem de forma linear apenas como "conquistas". Muitas vezes aparecem como negociação amigável, principalmente com governos de esquerda, em que a autonomia perde espaço para a institucionalização.

Saliente-se que o MST procura valorizar o camponês e suas lutas no seu projeto educativo, assim como busca um conteúdo menos capitalista e mais próximo dos debates socialistas. Mas, novamente, esse fato não é linear, até mesmo pelas dificuldades de se manter um projeto educativo dessa dimensão. Depois de conquistada a escola, a burocratização exigida pelo Estado e a necessidade de dirigir essas escolas dentro de um sistema capitalista tornam, muitas vezes, estas escolas apenas mais algumas escolas dentro do sistema, porém geridas por movimentos sociais.

A Educação Zapatista

Devido ao grande número de indígenas e mestiços no sul do México, região de maior presença do Zapatismo, esta assume um viés étnico, além do viés de classe. Assim, as questões da língua e dos costumes aparecem com algum destaque no processo de educação zapatista. Portanto, vejamos rapidamente sobre a educação indígena.

A educação indígena

Como toda população explorada da América Latina, um sério problema que aflige a população indígena mexicana é a pobreza. De acordo com Bruno Barronet,[12] 84% dos índios mexicanos vi-

---

12 Professor na Unam, em palestra proferida em San Cristóbal, em maio de 2011, no seminário "Teoría y práctica de la educacion intecultural en

vem abaixo da linha da pobreza. Nesse conhecido cenário, presente nas sociedades capitalistas em que as classes subalternas são marginalizadas nas políticas sociais, as escolas indígenas não são prioridade nas políticas públicas. Pelo contrário, são marginalizadas e, por isso, essa demanda aparecerá nas reivindicações zapatistas desde as primeiras rebeliões.

Como exemplo, as aulas são oferecidas em castelhano quando grande parte das crianças indígenas falam, prioritariamente, suas línguas próprias, herdadas de sua cultura indígena. No caso de Chiapas, a língua predominante é a tzoutui, apesar de existirem muitas outras. As professoras não indígenas, que são a grande maioria, sequer falam a língua das crianças. Assim, estas crianças, que pouco falam castelhano, apresentam grande dificuldades na escola.

Para Bruno Baronnet,[13] soma-se a isso o fato histórico/cultural eivado de preconceito contra as classes populares que dizem que os indígenas são considerados menos aptos para atividades intelectuais. E, como nos mostra Bourdieu, em um processo de reprodução cultural, eles próprios acabam acreditando (BOURDIEU, 1975) aceitando escolas muito fracas em conteúdo escolar. Além disso, as crianças indígenas necessitam trabalhar, deixando o estudo para segundo plano. Assim, os indígenas seriam vítimas do racismo de classe, já que são os mais pobres e mais explorados. E não se pode esquecer a questão da mulher, já que a sociedade é machista. Completando o rol de problemas, existe uma desindialização e uma descampesinação no México, já que o próprio índio procura sair dessa sua condição de inferioridade.

Chiapas", realizado nos dias 26 e 27 de maio de 2011 em San Cristóbal de Las Casas, Chiapas, no qual participei como assistente.

13 *Ibidem*

Ainda segundo Bruno Baronnet,[14] as escolas legitimam essas discriminações, oferecendo escolas de pobres para pobres e que, além disso, discriminam todos os conhecimentos advindos das práticas indígenas. Portanto, existiria um racismo institucional para eliminar a cultura indígena.

É importante salientar que, de acordo com Antonio Saldivar,[15] da Ecosur, 85,9% das crianças indígenas frequentam escolas e 42% recebem algum apoio, do tipo bolsa-escola, parecida com a que existe no Brasil. É fato que a educação bilíngue tem crescido, mas, mesmo assim, as culturas indígenas estão se desmantelando com uma rapidez surpreendente, e a pobreza e exploração material têm crescido.

Para ele, as professoras não estão preparadas para essa educação multicultural, as práticas indígenas são desvalorizadas e existe uma desvinculação total entre os conteúdos ensinados nas escolas e o ambiente socio cultural, produtivo e ambiental vivido pelas comunidades indígenas.

Ao lado desses problemas, salienta o professor Edgard,[16] existe uma cultura de racismo no México para com os indígenas. Para ele, desde os anos 2000, existe maior apoio para as escolas indígenas e bilíngues. Esse fato seria motivado pelas revoltas sociais zapatistas dos anos 1990, que fizeram com que o governo investisse em mais políticas sociais para os indígenas como uma forma de conter as insatisfações sociais. Dessa forma, houve um incremento do número

---

14 Professor na Unam, em palestra proferida em San Cristóbal, em maio de 2011, no seminário "Teoría y práctica de la educacion intecultural en Chiapas", realizado nos dias 26 e 27 de maio de 2011 em San Cristóbal de Las Casas, Chiapas, no qual participei como assistente.
15 Palestra proferida no seminário citado.
16 Intervenção no seminário citado.

de estudantes indígenas inclusive nas universidades, considerando que os filhos das classes médias ou ricas vão estudar na Cidade do México ou mesmo nos Estados Unidos. Todos estes fatores demonstram a complexidade que ronda a questão da educação indígena, tanto no campo material como no campo cultural e escolar.

A educação zapatista

Como já demosntrado, o primeiro levante zapatista aconteceu em 1994 o qual ocasionou diversas negociações entre o governo do México e o EZLN. A educação aparece como uma das onze demandas da Primeira Declaração da Selva Lacandona, sintetizada nos acordos de San Andrés em 1996, acordo realizado entre o governo federal e o EZLN. Esse período de negociação foi tenso e marcado por conflitos. Ao fim, mesmo com os acordos realizados, o governo mexicano deixou de cumprir diversos itens.

É importante salientar que esses acordos não cumpridos pelo governo mexicano deram um outro direcionamento ao movimento zapatista, no sentido que, a partir desse momento, abandonaram as ilusões com os acordos com o que passariam a chamar de "Mau Governo" e passaram a organizar suas próprias ações, tendo a educação como uma delas.

Pelo acordo de San Andrés,[17] na parte referente à educação, temos as seguintes reivindicações:

> Criação de institutos indígenas para estudar, divulgar e desenvolver as línguas indígenas e traduzir obras científicas, técnicas e culturais. O governo do estado de Chiapas deve criar, no curto prazo, um Centro

---

17 Acuerdos de San Andrés. Disponível em: http://www.redindigena.net/leyes/mex/docs/chia/sanandres.html. Acesso em: 07/05/2014.

Nacional de Línguas, Arte Indígena e Literatura. É recomendado às autoridades nacionais rever programas, manuais e materiais educativos para crianças mexicanas para refletir e promover o respeito pela diversidade cultural do nosso país. Incluir o bilinguismo na educação dos não falam línguas indígenas, elemento da população da região. Nas monografias, incorporar elementos básicos das linguagens indígenas de suas regiões. Promover nos livros de história informações precisas e informativas sobre as sociedades e culturas dos povos indígenas. Os governos federal e estadual irão promover revisão completa das autoridades que administram o setor da educação em relação à educação indígena, bem como as suas dotações orçamentais. Estabelecimento, no estado de Chiapas, de um sistema de apoios e bolsas de estudo para conclusão dos estudos básicos para que os jovens indígenas que desejam estudar no nível intermediário e avançado possam prosseguir seus estudos. Criação de centros de excelência em áreas indígenas, com programas especiais para promover o estudo e a divulgação da riqueza cultural indígena, bem como as preocupações e as necessidades específicas de suas culturas. Promover o estudo e ensino das línguas indígenas nas universidades, especialmente no estado de Chiapas.

Barbosa (2014), resume as reivindicações da seguinte maneira:

> O projeto educativo da EAZ (Educação Autônoma Zapatista) nasce de 04 necessidades histórico-políticas: 1. A ruptura com a educação oficial do "Mau Governo";

2. A construção de escolas próprias para consolidar a EAZ nos Municípios Rebeldes Autônomos Zapatistas (Marez); 3. A capacitação de promotoras e promotores de Educação; 4. Garantir um processo educativo que prima pela recuperação e fortalecimento da aprendizagem da língua maya. Para tanto, consolidar um currículo cujos conteúdos estão articulados com a cosmovisão e cultura maya, bem como com os princípios político--filosóficos do Zapatismo (BARBOSA, 2014).[18]

Numa análise em que a "cosmovisão" possui menos ênfase, vê--se que a situação do indígena e do mestiço camponês configura-se em uma situação de exploração, perda da terra e dos instrumentos de trabalho, pobreza e humilhação social. E a educação escolar torna-se menos presente nesses grupos, e esse fato possibilita as reivindicações zapatistas pela direito à educação.

Nos Acordos de San Andrés também há um reconhecimento do Estado pluricultural mexicano, em que a noção de união do Estado mexicano não é questionada, mas sim sua centralização. Nesse sentido, são debatidos a autonomia de povos e os direitos indígenas, inclusive usando os acordos estabelecidos pela OIT para o reconhecimento de povos autóctones.

Entre 2006 e 2007, os zapatistas realizaram, no caracol Oventic, Chiapas, o "Primeiro Encontro Entre os Povos Zapatistas e os Povos do Mundo", no qual estiveram presentes 47 pessoas de

---

18 BARBOSA, Lia. "Expressões Freirianas em territórios insurgentes: a Educação Rebelde Autônoma Zapatista como prática da liberdade". Disponível em: http://boletim.unifreire.org/edicao03/2014/04/16/expressoes-freirianas-em-territorios-insurgentes-a-educacao-rebelde-autonoma--zapatista-como-pratica-da-liberdade. Acesso em: 12/05/2015.

diversos países e 232 representantes das comunidades zapatistas. Nesses encontros buscaram mostrar como vivem e debateram a "Outra Política" e a "Outra Educação".

Depois desse período, os zapatistas entraram em um momento de maior fechamento, com poucas ações públicas.

Adentrando a segunda década do novo século

De acordo com Bruno Baronnet,[19] as escolas zapatistas funcionam devido ao grau de legitimidade que alcançaram junto às comunidades zapatistas. Assim, a própria comunidade se interessa em manter a escola em funcionamento. É uma escola que tem grande participação de pais, mães e anciãos.

As decisões são tomadas em assembleias gerais que teria poder, inclusive, para destituir os promotores (professores). Assim, a escola cria uma visão política própria de participação. De acordo com ele, as escolas são mantidas pelo trabalho coletivo dos municípios autônomos zapatistas, não existindo recursos dos governos.

Segundo ele, pode existir o risco do isolamento, mas os zapatistas querem formar pessoas para trabalhar nos próprios municípios zapatistas e, assim, isso não seria um problema. Usando a simbologia do caracol, os zapatistas dizem que construirão uma outra política de modo mais lento, mas construirão por eles mesmos. Esse posicionamento político pode trazer alguns problemas com os jovens que desejam sair dos caracóis zapatistas.

Bruno[20] também salienta que, em relação às escolas oficiais, as escolas zapatistas não apresentam grandes diferenças. A escola continua sendo escola, ou seja, não construiu outro mode-

---

19 Entrevista realizada com o professor durante o seminário citado.
20 Entrevista realizada com o professor durante o seminário citado.

lo oposto ao que existe, e não é questionada em si. Salienta que diversos promotores têm consciência da reprodução em seu cotidiano escolar.

A professora Kátia[21] diz que a grande reivindicação dos zapatistas é pela autonomia, inclusive nas escolas. Diz que as escolas zapatistas não certificam os alunos, pois a preocupação principal dos municípios autônomos zapatistas, em relação à escola, seria formar promotores para trabalharem nas áreas de saúde, educação, agroecologia ou de qualquer demanda dos caracóis. Nesse caso, não ligariam para a certificação oficial. Principalmente porque consideram que a escola oficial despreza a educação e o trabalho camponês. Para ela, esse fato pode trazer algum descontentamento entre os estudantes, mas não entre os jovens mais comprometidos.

Quanto ao financiamento, diz que as escolas recebem algum apoio de outras entidades e movimentos mexicanos ou estrangeiros. Mas que são, basicamente, mantidas com o apoio da própria comunidade. Os próprios promotores de educação articulam com as diversas comunidades autônomas os projetos para a educação.

Esses promotores são formados nas escolas zapatistas. Alguns já nasceram nos caracóis. Não recebem salário, mas produtos, como alimentos, produzidos nos municípios. Para ela, os promotores possuem histórias de vida e compromisso diferentes e, assim, as aulas também seriam diferentes conforme o promotor. Diz que o Zapatismo não possui um currículo escolar próprio e que muitos promotores reproduzem as aulas e os currículos oficiais, até com certo autoritarismo. Outros são criativos, usando fábulas e músicas para que os alunos aprendam, por exemplo, o espanhol. Ou discutem o papel das mulheres ou dos anarquistas na Revolução

---

21 Professora Kátia Nunes. Conversa realizada em junho de 2011, em Chiapas, México.

Mexicana. Assim, existiria uma dependência pessoal do compromisso ou olhar do promotor na condução das aulas. Os promotores também elaboram, ou escolhem, o material didático, que tanto pode ser livro como material construído no dia a dia. Também podem participar da Junta do Bom Governo.

Ainda de acordo com a professora Kátia,[22] os promotores são muito cobrados para desenvolver a autonomia deles e dos alunos. Dizem que deve haver prática diária, pois autonomia também se aprende no dia a dia. e também os promotores são cobrados para formar jovens que saibam defender os seus direitos. Um momento facilitador para os promotores seriam as reuniões periódicas que realizam, pois nessas reuniões trocam experiências e debatem as dificuldades.

Baronnet (2010) diz que os municípios autônomos optaram por uma educação que atenda aos seus interesses e à sua cultura, rompendo, em grande medida, com a política e a cultura escolar dominantes, ao mesmo tempo em que reconhecem que essa autodeterminação é cercada de desafios. Diz que a maior parte das famílias maias de Chiapas já possuía uma cultura de participação política, decididas em assembleias que se reúnem em diversos espaços formais ou informais e com rodízios de cargos e participação comunitária. Assim, na Selva Tseltal, onde se localiza o caracol Garrucha, por exemplo, existem cerca de 120 escolas autônomas, com cerca de 4 mil alunos e 120 promotores, e que essas escolas possuem nomes de revolucionários mexicanos.

Para o funcionamento das escolas, a participação das famílias torna-se essencial tanto no apoio material como nas decisões coletivas. Essa questão é bastante debatida entre os promotores e as famílias, em que ambos discutem responsabilidades. Observa Baronnet

---

22 Professora Kátia Nunes. Conversa realizada em junho de 2011, em Chiapas, México.

(2010) que a participação das mulheres é grande nas reuniões educativas, reproduzindo a divisão de gênero da sociedade patriarcal, apesar dos cuidados com essa questão por parte dos zapatistas. Do mesmo modo, existe alguma monopolização, nas assembleias, por parte daqueles que possuem maior habilidade de oratória.

O Conselho Municipal autônomo dos caracóis garante que as decisões tomadas em assembleia sejam cumpridas no que diz respeito à educação, e essa assembleia teria poder de orientação nos rumos escolares e de decisão nas dúvidas. A assembleia seria composta por pais, mães, anciãos e jovens e, em diversas ocasiões, os alunos são chamados a participar. Assim, conforme Baronnet (2010, p. 250):

> ...comitês de educação (dos pais) para os três níveis na escola Emiliano Zapata do município Arroyo Granizo se responsabilizam por manter diariamente a infraestrutura da escola, a disciplina dos alunos e a vigilância do cumprimento por parte dos três educadores. Convocam e dirigem assembleias para assuntos educativos. Também se encarregam de buscar potenciais candidatos a promotores para substituir a um promotor que queira renunciar, apesar de muitas vezes conversarem com o objetivo de dar ânimo a esses promotores a continuar no cargo.

Essas reuniões e assembleias acontecem de forma quase rotineira para os membros dos municípios autônomos. Saliente-se que as decisões acontecem nos aspectos administrativos e pedagógicos, e os pais devem se responsabilizar, inclusive, em arrumar alojamento para os professores. Mas as decisões finais seriam fruto de muitas discussões que, de acordo com Baronnet (2010, p. 250):

Ao contrário das aldeias não-zapatistas, onde o cotidiano educativo está imposto pela lógica centralizada, as reuniões nos municípios autônomos são instâncias de decisões e de legitimação de acordos legitimados pela consulta popular sistemática. As práticas deliberativas são legitimadas pelas ações que a Teologia da Libertação Índia já havia fortalecido durante décadas passadas. Como outros princípios democráticos de participação dos povos zapatistas, o processo de consulta parece derivar, em parte, da apropriação dos modos de organização sociopolítico das comunidades de Cañadas que promovem a pastoral dominicana de Ocosingo.

Baronnet (2010) salienta a importância da tradição oral, as práticas próximas das missas e demais rituais provenientes do indianismo cristão e as discussões, às vezes acaloradas, provenientes de problemas que vêm da vivência de vizinhança. Mas a força da participação distingue as comunidades zapatistas daquelas não vinculadas ao movimento, trazendo essa marca e esse diferencial. Assim, a educação zapatista é vista como uma arma contra o poder das oligarquias com suas práticas racistas, pois ao contrário das práticas centralizadas pelo poder dominantes, a educação é uma decisão das assembleias. A possibilidade de decidir em assembleias e discutir todos os rumos da educação faz com que as famílias se sintam orgulhosas.

Essa possibilidade de autogoverno e da democracia direta, vindo da tradição indígena e camponesa, é respaldada pelo sistema jurídico mexicano e internacional, que reconhece a auto-organização popular, criando uma rede de autogovernos. Assim, diz Baronnet (2010, p.252) esses autogovernos:

Transformam-se numa relação de solidariedade mútua entre localidades afins em verdadeiras redes de governos municipais autônomos que, por sua vez se articulam em redes de governo que abarcam zonas e regiões mais amplas, nas quais não são profissionais da política que governam, mas sim camponeses indígenas em constante formação e rotatividade.

Possuindo essa autonomia, as escolas não possuem planos de estudos homogêneos e nem temas rígidos. A própria avaliação dos docentes é realizada de forma diferenciada de uma comunidade a outra. Os professores, escolhidos em assembleia, possuem as mesmas condições sociais e econômicas dos demais membros. Diferenciam-se por participarem dos órgãos de decisões, inclusive militar. Aliás, a formação militar em campos clandestinos na selva, no EZLN, é considerado um fator de aprendizagem importante para os professores. Esses professores são, em geral, jovens na casa dos 18 anos de idade. Possuem apoio material e alimentar de suas famílias e das comunidades. Conforme decisão das assembleias, o salário pago aos professores é em forma de milho, base da alimentação e economia zapatista. Assim, a cobertura das necessidades materiais dos professores é mínima, e o prestígio coletivo é valorizado para que esses promotores possam ocupar cargos mais prestigiados posteriormente. Ou seja, a recompensa está mais no plano simbólico do que material. As exigências para exercer a docência são mínimas, pois o educador zapatista deve saber ler e escrever, ter conhecimentos de matemática e domínio das línguas faladas na comunidade, além do espanhol. Deve também se dispor a participar das instâncias do autogoverno local e deve ser ressaltado que esse educador continua com suas funções de trabalho como camponês.

Nos caracóis pesquisados

Devido à dificuldade de pesquisar as escolas diretamente, por motivos já explicados no capítulo anterior, a descrição das escolas será baseada em alguns relatos e no site Passa Palavra (2010).[23]

No caracol Oventic, a questão da autonomia escolar é sempre ressaltada, e a escola funciona desde o ano de 2000. O caracol possui escola primária e secundária. O tempo total da escolarização é de nove anos, com seis anos primários e três secundários. É uma escola bilíngue, sendo o tzotzil a língua materna e o castelhano a língua geral para a comunicação. Deve-se ressaltar que existem diversas línguas faladas e escritas e, assim, a necessidade de uma língua comum, no caso o castelhano, torna-se fundamental.

Escola primária do Oventic – Fora do caracol

---

[23] DOSSIÊ: Viver em Chiapas. Disponível em: http://passapalavra.info/?p=27319. Acesso em: 08/02/2015.

Escola secundária no Oventic

Procura-se valorizar, também, a história ancestral dos povos indígenas originários, os costumes e modos de vida dos povos tradicionais e a criatividade. Mas a escola não conseguiu ser totalmente inovadora, e os conhecimentos da leitura, da escrita, da matemática muitas vezes seguem os padrões tradicionais. Procura-se inovar no estudo das ciências com o ensino centrado em técnicas agroecológicas e ambientais. Também existem as atividades práticas, como o trabalho na terra e preparo de alimentos.

Os alunos e alunas frequentam as aulas durante cinco dias por semana, e o ensino secundário é obrigatório. A escola secundária é dentro do caracol e funciona em regime de internato, sendo as aulas de 8 da manhã até as 15 horas. Depois dese período os alunos se dedicam ao esporte, artes, artesanato ou leitura. De duas em duas semanas os alunos devem ir para casa e no retorno trazem os seus alimentos.

No caracol Morelia, existe escolarização, dentro do caracol, desde os três anos. Também existe turmas de educação de adultos. Com exceção da escola infantil, as escolas de outros níveis encontram-se fora do caracol, no ejido. A duração dos níveis baseia-se nas necessidades de cada aluno, que devem frequentar pelo menos a escola primária. Os alunos que frequentam a escola secundária estarão aptos para se candidatarem ao magistério. As escolas secundárias funcionam em regime de internato, no qual os alunos ficam na escola durante duas semanas e nas outras duas semanas ficam em suas comunidades. Seria como as Escolas Família Agrícola, que funcionam em diversos países, inclusive no Brasil.

Como já debatido anteriormente, no Morélia os professores são escolhidos em assembleia e não recebem salários, vivendo de ajuda para sua sobrevivência. Como nas outras regiões zapatistas, as aulas são bilíngues e as disciplinas não são muito diferentes das tradicionais, como matemática, linguagem, ciências, história, geografia, artes e música. Procuram adaptar o conteúdo para a realidade das comunidades e do Zapatismo. Os trabalhos manuais existem, mas não com tempo específico.

Escola infantil dentro do caracol Morelia

Ejidos, fora dos caracóis, onde funcionam as escolas primárias

Observa-se no movimento zapatista, inclusive em relação à escola, uma relação de rebelião, negociação, negociação frustrada e autonomia em relação ao governo federal. Se, por um lado, conseguem manter sua autonomia construindo inclusive as escolas, por outro não há como negar as enormes dificuldades materiais em que vivem os zapatistas e o questionamento de não disputarem os fundos públicos. Dessa forma, existem professores eleitos, estes sequer recebem salários, o que não deixa de ser um enorme problema quando consideramos que o México é um país capitalista.

Conclusões parciais

Tanto o MST quanto os zapatistas foram inovadores ao debaterem e implementaram projetos educativos. Não era comum nas esquerdas que partidos ou sindicatos assim o fizessem. Mas a maior inovação ficou por conta da "ocupação" das escolas. Ou seja, ambos os movimentos foram à luta ou montaram escolas (predominante no Zapatismo), ou exigiram do poder público a escolarização (predominante no MST).

Por parte, principalmente do MST, uma grande rede de escolas de todos os níveis foi conquistada. Mas não podemos ficar na ilusão de que são escolas conectadas aos ideais do movimento. Grande parte das escolas, principalmente as de assentamento e sob controle dos prefeitos municipais, são palco de controvérsias, conflitos ou mesmo mando político conservador. Atualmente, estão dando grande ênfase ao estudo da agroecologia, principalmente no ensino médio/técnico. Mas, de uma forma geral, há uma grande vitória do MST ao conseguir escolarizar muitas crianças e adultos.

Por parte do Zapatismo, suas escolas são restritas aos caracóis e aos municípios sob sua influência. Como se recusam a receber recursos públicos, sofrem de muitas carências, como a falta de salário para o professor, que além de lecionar tem de trabalhar na agricultura, e a falta de reconhecimento dos diplomas dos alunos. Como mantêm sua autonomia elegem professores e teriam maiores possibilidades de desenhar uma outra pedagogia.

Porém, mais uma vez a problemática das ações diretas em sociedades capitalistas transparece nos dois casos. Como as cooperativas, os postos de saúde, as plantações e a comercialização dos produtos, também as escolas necessitam ser geridas dentro do sistema capitalista. Assim, o MST aproxima-se de prefeituras (principalmente do PT, pela maior afinidade), governos e universidades. Procuram participar da gestão mas, quando conseguem, acabam sendo parceiros da institucionalidade. No caso zapatista, a autonomia faz com que o poder público não necessite de investir nessas políticas sociais.

CONCLUSÃO

Na conclusão deste trabalho retomo uma frase citada na Introdução, em que se discutia a crise do socialismo e a enorme reprodução do capital: "Desde então, a história parece ter dado razão ao cientista político americano Francis Fukuyama, que dizia que a história havia chegado ao fim com a grande síntese realizada pela democracia liberal". Mas a história, principalmente em momentos de grandes acirramentos sociais e concentração de capital e riqueza, apresenta outras lógicas. E essas lógicas estão na retomada das lutas sociais pelo mundo. Importantes acontecimentos políticos começam a trazer à tona essas contradições. O capitalismo central sofre mais uma de suas crises, desde o ano de 2008, e novos protagonistas entram em cena.

Entre os protagonistas das principais lutas encontramos jovens que abalam as ruas do mundo, como os Indignados na Espanha, os Ocuppy nos EUA ou nas Jornadas de Junho no Brasil. São movimentos espontâneos, que recusam a política tradicional e usam as ações diretas. Seria a novidade no cenário contestatório do novo século e, realmente, devemos prestar atenção a esses movimentos, pois anunciam um forte descontentamento social. Mas as ações diretas seriam uma novidade no novo século? E seus resultados levariam a inovadoras formas de se questionar o capitalismo?

Apesar de o MST, os zapatistas e os jovens manifestantes do novo século usarem as ações diretas, suas formas de luta manifestam-se de maneiras muito diferentes. Isso porque tanto o MST como os zapatistas estão próximos da tradição da esquerda organizada e centralizada, mesmo que fora do tradicional padrão formado pelos partidos e pelos sindicatos que demarcaram todo o século XX. Enquanto os manifestantes, de uma forma ou de outra, crescem de forma espontânea e sem aceitar lideranças ou direções, o MST e o Zapatismo se organizaram de tal forma que hoje agem para manter suas conquistas e gerir seus frutos de suas ações diretas. E agem de forma bastante centralizada, apesar das assembleias e congressos que realizam.

O que podemos concluir? Nas últimas décadas, o capital conquista uma altíssima reprodução em 1980, 1990 e começa a decair no ano de 2008. As esquerdas se retraíram no primeiro período de avanço do capital, a tal ponto que o MST e o Zapatismo, por sua capacidade de resistência e luta, adquiririam dimensão internacional. Esses dois movimentos políticos, sociais, econômicos e até filosóficos se reinventaram nas lutas sociais no período citado. E quais foram as suas principais reinvenções na luta contra o capital? Talvez a ousadia de não ficarem esperando condições objetivas e partirem para ousadas formas de lutas, como as ações diretas. Em vez de intermináveis negociações e de ouvirem eternas promessas não cumpridas, esses movimentos partiram para a ofensiva. Ocupando terras, cooperativas, escolas, postos de saúde e até nas artes, o MST, com seus festivais de música, passou a ocupar o seu espaço. Enfrentou a ira dos governos conservadores de então, da imprensa e daqueles que não concordavam que pessoas "humildes socialmente" e exploradas pelo capital poderiam lutar de cabeça em pé. O EZLN, de armas em punho, enfrentando exércitos, paramilitares e a burguesia agrária, impôs um novo estatuto, principalmente para as populações indígenas que sofriam brutal racismo e exploração.

Mas o capitalismo, sabemos, é desigual e combinado. E as lutas sociais também. No início dos anos 2000, o MST já começa a perder sua força de luta e se lança nas negociações da institucionalidade. Afinal, a viabilidade de vitória de um governo de esquerda no Brasil tornava-se cada vez mais evidente no início do século, com o desgaste do governo de Fernando Henrique Cardoso, que, além de passar por crises do capitalismo internacional em seu segundo governo, viu seu projeto de uma inserção no capitalismo mundial, mesmo subalterna, naufragar. Com isso, Lula da Silva, muito próximo dos movimentos sociais brasileiros, incluso a direção do MST, e muito simpático às bases do movimento, assume o governo em janeiro de 2003. E, sabe-se, mesmo tendo de manter sua autonomia econômica e política, os movimentos necessitam do Estado, pois quase sempre possuem parcos recursos, e o Estado ainda representa uma força política e econômica considerável.

Mas os governos petistas não romperam ou sequer tiveram algum atrito com o capital. Mesmo tendo aumentado a participação do Estado em algumas políticas sociais focalizadas e, mesmo de forma precária, aumentado o emprego formal, as políticas macroestruturais permanecem muito próximas aos governos anteriores. Dessa forma, o agronegócio continuou e continua sendo um dos pilares dos governos petistas, que os financiam em busca de exportação de grãos e importação de dólares. Para os camponeses, encontros, fotos e créditos para alguns programas, como o Pronaf, Pronera e o atual Planapo (Plano de Nacional de Agroecologia e Produção Orgânica).

Mas o MST, mesmo crítico das políticas desses governos, não rompe com esses. Aproximou-se e institucionalizou diversas de suas ações, que se tornaram palatáveis para esses governos. Necessitam gerir suas conquistas e, para tanto, aceitam os pequenos créditos que os governos oferecem. Nas ações políticas, mostram-se próximos aos movimentos que apoiam os governos petistas. Mas o equívoco é que o apoio a governos capitalistas leva ao reforço do agronegócio, que é a versão capitalista da reprodução do capital no campo. E é assim que vemos a diminuição e envelhecimento das populações do campo em países que estão sob a égide do capitalismo.

Dessa forma, as inovadoras ações diretas transformam-se, num segundo momento, em ações institucionais, vinculadas a programas dos governos. E mesmo a educação torna-se, com poucas exceções, como no caso da Escola Florestan Fernandes, em ações conjuntas e dependentes dos poderes públicos, criando uma co-participação na institucionalidade entre movimentos sociais e a institucionalidade.

O MST diz que, mesmo nestes atuais momentos de inflexão do movimento, suas vitórias são muitas, pois assentaram milhares de famílias e levaram casas e escolas para o campo. Mas onde estaria a linha que divide as políticas públicas e as funções do Estado das funções dos movimentos? Essa é uma questão bastante complexa de movimentos que atuam com ações diretas.

A comparação com os zapatistas torna-se muito interessante, pois estes tomaram um caminho político bastante diferente do MST. Apesar de terem negociado diversas vezes com os governos mexicanos, inclusive o direito da existência da organização política e a existência de territórios autônomos, tomam um rumo de grande autonomia. Mesmo estando no México, recusam-se a negociar e a aceitar qualquer tipo de recurso financeiro dos poderes instituídos do país.

E pode-se perguntar se esse procedimento também não seria um equívoco, já que a riqueza do México é produzida pelo trabalho de seu povo e, assim, se não seria justo que eles lutassem para que esses recursos voltassem para o trabalhador em forma de políticas públicas. Talvez esse seja, realmente, um equívoco que ajuda a dar forma ao isolamento atual por que passa o Zapatismo. De forma autônoma, os zapatistas fizeram as suas escolhas. Defendem a "Outra Campanha", quando buscam construir um México paralelo, com outros valores. Mas com essa negação total da institucionalidade, negam, inclusive, a aproximação com partidos e sindicatos de esquerda. Com isso, conforme entrevistas e pesquisa de campo realizados, observa-se que o Zapatismo ficou bastante restrito nas suas ações aos seus territórios em Chiapas.

Esses exemplos mostram a importância das ações diretas nas lutas políticas, mas procuram mostrar também as suas limitações. Se as esquerdas neste novo século não podem ficar restritas ao institucional que demarcou suas ações no século XX e hoje são questionadas, não pode também investir apenas em ações diretas fora de um projeto nacional ou internacional de esquerda. Devem procurar conciliar os partidos classistas e os sindicatos independentes dos patrões com as lutas sociais. No caso do campo, a nova luta pela reforma agrária deve englobar a perspectiva de trabalho em terras coletivas, públicas, usando as modernas tecnologias, sob controle dos trabalhadores, com a reforma agrária cooperativada e orgânica. Mas, para tanto, é necessário romper com os partidos da ordem, procurar a organização classista independente de governos que não rompem com o capital e, lutar para que o recurso público seja direcionado às políticas públicas. São as lições e os desafios.

Como vimos no início do livro, Marx e Engels mostram as possibilidades dos movimentos campesinos que já atuam e produzem de forma comum ser o início da mudança socialista. Mostram que suas críticas ao capitalismo podem ser um referencial de luta e sociedade também para camponeses e indígenas que vivem na América Latina. E Mariátegui desenvolve este raciocínio de Marx e Engels ao aplicá-lo diretamente à nossa América.

E os movimentos estudados e apresentados neste livro mostram esse potencial. Mas devem direcionar suas lutas contra o capital já bastante desenvolvido – tanto no México como no Brasil – e não se isolarem ou se institucionalizarem em governos que defendem o modelo do capital.

BIBLIOGRAFIA

ANTUNES, Ricardo. *O continente do labor*. São Paulo: Boitempo, 2011.

ARELLANO, Alejandro B. *As raízes do fenômeno zapatista*. São Paulo: Alfarrábio, 2002.

ARELLANO, Alejandro B. e OLIVEIRA, Umbelino A. *Chiapas: Construindo a esperança*. São Paulo: Paz e Terra, 2002.

ALTHUSSER, Louis. *Aparelhos ideológicos de estado*. São Paulo: Graal, 2012.

BARONNET, Bruno. "Zapatismo y educación autônoma: De la rebelión a la dignidad indígena". In: Sociedade e Cultura, Goiânia, V.13, n.2, p. 247-258, jul./dez. 2010.

BARTRA, Armando. "Horizontes de La mobilización popular em México y América Latina". In: Osal, Buenos Aires: Clacso, ano XI, n.28, nov. 2010.

BENSAID, Daniel. *Marx, manual de instruções*. São Paulo: Boitempo, 2013.

BERNSTEIN, Henry. *Dinâmicas de classe da mudança agrária*. São Paulo: Unesp, 2011.

BOURDIEU, Pierrre. *A reprodução*. Rio de Janeiro: Francisco Alves, 1975.

BRAGA, Ruy. *A política do precariado: Do populismo à hegemonia lulista*. São Paulo: Boitempo, 2012.

BRANCALEONE, Cássio. Os zapatistas e o significado da experiência de autogoverno indígena e camponesa no México contemporâneo. Disponível em: http://api.ning.com/files/JBQFk69Z n3WOpCPpXuXBPnLy*iTyAW0yeAu0DvX7pdsy7IgkUh3y irvARRgKtZtGbT18OBiP1lNvPUPDCl-ESBy2GwqTfTcM/ zapatistas.pdf. Acesso em: XXX.

BUSTOS, R.; MEDINA, R.; LOZA, Marco A. *Revolução mexicana*. São Paulo: Expressão Popular, 2008.

CADERNOS DE FORMAÇÃO 1 – AGROTÓXICO, s.d.

CHAYANOV, Alexander. *La organización de la unidad económica campesina*. Buenos Aires: Nueva Visión, 1974.

COUTINHO, Carlos Nelson. "A hegemonia da pequena política". In: OLIVEIRA, F. et al. *Hegemonia às avessas*. São Paulo: Boitempo, 2010, p. 29-46.

DUARTE, Rodrigo. *Marx e a natureza em O capital*. São Paulo: Loyola, 1986.

DULCI, Luiz. "Participação e mudança social no governo Lula". In: SADER, Emir; GARCIA, Marco Aurélio (orgs.). *Brasil: Entre o passado e o futuro*. São Paulo: Boitempo, 2010.

ENGELS, FRIEDRICH. *Do socialismo utópico ao socialismo científico*. São Paulo: Global, s.d.

_____. *Sobre o papel do trabalho na transformação do macaco em homem*, Disponível em: http://www.ebooksbrasil. org/eLibris/macaco.html. Acesso em: 31/10/2011.

FERREIRA, Silvana. "Peregrinos da Terra Prometida: Comissão Pastoral da Terra e trajetória político-religiosa (1975-2003)". In: Revista Sacrilegens, v.1, n.1. Rio de Janeiro: UFRJ, 2004. Disponível em: http://pt.scribd.com/doc/96354881/Cpt. Acesso em: 02/06/2012.

FIGUEIREDO, Guilherme Gitahy. *A Guerra é o Espetáculo*. Campinas: Unicamp, 2003.

FZLN. *Fuerte es su corazón – Los municipios rebeldes zapatistas*. San Cristóbal: Ed. FZLN, 1998.

GENNARI, Emilio. *Chiapas: as comunidades zapatistas reescrevem a história*. Rio de Janeiro, Achiamé, 2002.

GENNARI, Emilio. *EZLN: Passos de uma rebeldia*. São Paulo: Expressão Popular, 2005.

GRAMMONT, Hubert et al. *La construccion de la democracia em el campo latinoamericano*. Buenos Aires: Clacso, 2006.

HOBSBAWM, E. J. Era dos extremos: o breve século XX 1914-1991. São Paulo: Companhia das Letras, 1995.

KAUTSKY, Karl. *A questão agrária*. Porto: Portucalense, 1972.

KAUTSKY, Karl; LÊNIN, Vladimir I. *A ditadura do proletariado e a revolução proletária e o renegado Kautsky*. São Paulo: Livraria e Editora Ciências Humanas, 1979.

LÊNIN, Vladimir I. *O desenvolvimento do capitalismo na Rússia: O processo de formação do mercado interno para a grande indústria*. São Paulo: Nova Cultural, 1985.

LOUREIRO, Carlos F. "Pensamento crítico, tradição marxista e questão ambiental: ampliando os debates". In: LOUREIRO, Carlos F. *A questão ambiental no pensamento crítico*. Rio de Janeiro: Quartet, 2007.

LOWY, Michael. *Ecologia e Socialismo*. São Paulo: Cortez, 2005.

MARTÍ, Lídia T. *Del pensamiento pedagógico de Ernesto Che Guevara*. Havana: Capitan San Luis, 2007.

MARX, Karl. *Manuscritos econômicos filosóficos*. São Paulo: Martin Claret, 2001.

_____. *O capital*. São Paulo: Nova Cultural, 1988.

_____. *O capital*. Rio de Janeiro: Civilização Brasileira, s.d, Livro 3, v. 6.

_____. *Luta de classes na Rússia*. São Paulo: Boitempo, 2013.

_____. *Crítica ao Programa de Gotha*. São Paulo: Boitempo, 2012.

_____. "Sobre a nacionalização da terra". In: Revista Novos Temas, São Paulo: ICPJ, n. 8, 2013, p. 47-50.

MARX, Karl, ENGELS, Friedrich. *A ideologia alemã*. Lisboa: Editorial Presença, [s.d].

_____. *Critique des programmes de Gotha et d' Erfurt*. Paris: Editions Sociales, 1972.

MENEZES NETO, Antonio Julio. *A ética da Teologia da Libertação e o espírito do socialismo no MST*. Belo Horizonte: UFMG, 2012.

_____. *Além da terra: Cooperativismo e trabalho na educação do MST*. Rio de Janeiro: Quartet, 2003.

_____. "Mariátegui e a fé na educação socialista". In: MENEZES NETO, A.J. et al. *Socialismo e educação*. Belo Horizonte: Fino Traço, 2013.

MOVIMENTO DOS TRABALHADORES RURAIS SEM TERRA (MST/PR). Todo e toda sem terra estudando. Jornada de Educação, [s.n.] Curitiba: 2006.

OLIVEIRA, Francisco. "Hegemonia às avessas'. In: OLIVEIRA, F. et al. *Hegemonia às avessas*. São Paulo: Boitempo, 2010a, p. 21-27.

_____. "O avesso do avesso". In: OLIVEIRA, F. et al. *Hegemonia às avessas*. São Paulo: Boitempo, 2010b, p. 369-376.

OLIVEIRA, Umbelino A. "A questão agrária no Brasil: Não reforma e contrarreforma agrária no governo Lula". In: *Os anos Lula: contribuições para um balanço crítico*. Rio de Janeiro, Garamond, p. 287-328, 2010.

ORTIZ, P.; BRIGE, M.; FERRARI, R. *Zapatistas*, Brasília: Entrelivros, 2007.

PLANTANDO O AMANHÃ, Cartilha para rabalho de base. Coordenação Nacional da Campanha Permanente Contra os Agrotóxicos e Pela Vida, 2012.

PEDROSA, José Geraldo. "O capital e a natureza no pensamento crítico". In: LOUREIRO, Carlos F. *A questão ambiental no pensamento crítico*. Rio de Janeiro: Quartet, 2007.

POCHMANN, Márcio. *Nova classe média?: O trabalho na base da pirâmide social brasileira*. São Paulo: Boitempo, 2012.

PRADO, Adônia. "O Zapatismo na Revolução Mexicana: Uma leitura da Revolução Agrária do sul". In: *Estudos, sociedade e agricultura*. Disponível em: http://bibliotecavirtual.clacso.org.ar/ar/libros/brasil/cpda/estudos/vinte/adonia20.htm Acesso em: 04/07/2011.

RIBEIRO, Marlene. *Movimento camponês*. São Paulo: Expressão Popular, 2010.

RIVAS, Gilberto López y. *Antropologia, etnomarxismo y compromiso social de los antropólogos*. México: Ocean Sur, 2010.

SANTOS, Juliana. *O movimento zapatista e a educação: direitos humanos, igualdade, diferenças*. São Paulo: Feusp, 2008 (dissertação de mestrado).

STÉDILE, João Pedro. "MST quer novo modelo para reforma agrária". Disponível em: http://www.mst.org.br/node/4517. Acesso em: 04/07/2011.

_____. "Reforma agrária regrediu no governo Lula". Disponível em: http://noticias.uol.com.br/politica/2009/08/15/ult5773u2075.jhtm. Acesso em: 04/07/2011.

_____. "Stéile: Dilma permitirá avançarmos mais em conquistas sociais". Disponível em: http://www.vermelho.org.br/noticia.php?id_secao=1&id_noticia=135240. Acesso em: 04/07/2011.

VENDRAMINI, Célia. *Terra, trabalho e educação*. Ujuí: Unijuí, 2000.

AGRADECIMENTOS

O agradecimento especial cabe ao amigo e professor com grande sensibilidade social e capacidade intelectual, Roberto Leher, que acolheu este projeto.

Agradeço à Faculdade de Educação da UFRJ e ao seu Programa de Pós-Graduação, pela acolhida e à Faculdade de Educação da UFMG, especialmente ao Setor de Sociologia, que possibilitaram meu afastamento.

No México, um agradecimento especial à professora Maria Helena Torres, que me acolheu no Centro de Investigaciones e Estudios Superiores em Antropologia – Unidade Sureste (CIESAS) e ao Peter Rosset, da Via Campesina de Chiapas.

Agradeço, também, aos professores Massimo Modonesi e Ana Esther Ceceña, da Unam. Aos professores de Chiapas acampados na Praça da Revolução e aos camponeses que se manifestavam na Cidade do México e me propiciaram excelentes conversas.

A todos os movimentos de trabalhadores do campo e da cidade que lutam por uma nova sociedade sem explorados e exploradores.

Agradeço a todos que contribuíram com entrevistas e conversas, tanto no México como no Brasil.

Este livro foi impresso em São Paulo no verão de 2017. No texto foi utilizada a fonte Goudy em corpo 10,5 e entrelinha 15,75 pontos.